KB110200

승무원 영어 인터뷰

승무원 영어 인터뷰

초판 1쇄 인쇄 2010년 06월 14일
초판 1쇄 발행 2010년 06월 21일

지은이 | 최진주
펴낸이 | 손형국
펴낸곳 | (주)에세이퍼블리싱
출판등록 | 2004. 12. 1(제315-2008-022호)
주소 | 157-857 서울특별시 강서구 방화3동 316-3번지 102호
홈페이지 | www.book.co.kr
전화번호 | (02)3159-9638~40
팩스 | (02)3159-9637

ISBN 978-89-6023-385-0 03740

항공아카데미
영어 인터뷰 강사 최진주의

승무원 영어 인터뷰

ESSAY

승무원이 되고자 하는 부푼 꿈을 안고 2000년 9월 18일부터 모 승무원 아카데미를 다니면서 영어 인터뷰와 저와의 인연은 시작되었습니다. 그때는 지금처럼 승무원 아카데미나 인터넷 카페가 활성화되어 있지 않았기 때문에 영어 인터뷰에 대해 얻을 수 있는 정보가 극히 제한적이었습니다. 결국 저는 혼자 힘으로 125개에 달하는 영어 인터뷰 노트를 만들었고 그 노트는 제 꿈을 이루는데 큰 힘이 되었습니다. 10년이 다 되어가는 지금에 와서 그 노트를 펼쳐보면 어릴 적 일기를 보는 듯 어색하고 실수투성이지만 저에게는 무엇과도 바꿀 수 없는 보물입니다.

10년이면 강산도 변하는 긴 시간인데도 불구하고 제가 승무원 면접을 준비하던 그 시절에 봤던 질문이며 답변들이 버젓이 인터넷에 떠돌아 다니는 것을 보곤 합니다. 저는 면접에도 'trend'가 있다고 늘 강조

합니다. 즉, 과거에 유행했지만 현재는 더 이상 나오지 않는 질문들이 있고 반대로 예전에는 없었으나 최근에 새로 생겨난 질문들이 있게 마련입니다. 물론 'family'나 'hobby'와 같이 과거부터 현재까지 꾸준히 사랑 받는 질문들도 있습니다. 이렇듯 변화하는 'trend'에 맞추어 책을 쓰고자 노력했습니다. 먼저 이 길을 걸었던 선배로서 승무원 면접을 준비하시는 분들께 조금이나마 도움이 되기를 간절히 바라는 마음입니다.

헤아릴 수 없을 정도의 사랑을 제게 주셨던 아버지 故 최영문 님과 제가 가장 존경하는 어머니 마수자 님께 이 책을 바칩니다.

2010년 6월

최진주

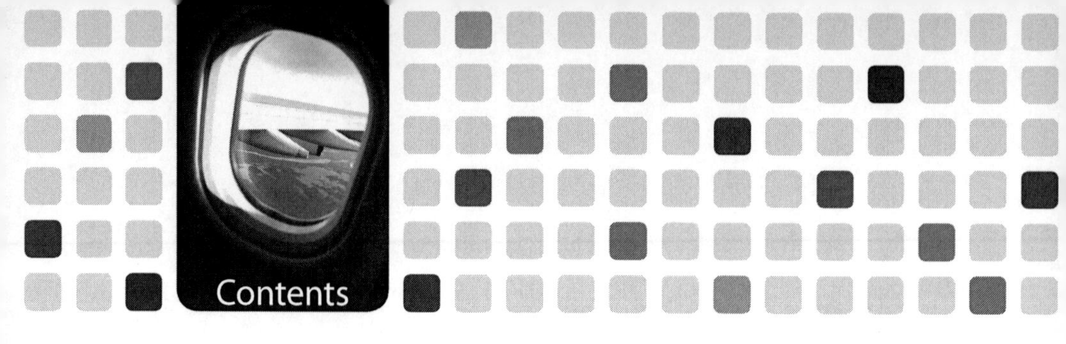

Prologue ········ 4

Chapter 1
승무원 선발 과정 ········ 8

Chapter 2
영어 인터뷰의 종류 ········ 10

Chapter 3
국내항공사 정보 ········ 13

Chapter 4
외국항공사 정보 ········ 16

Chapter 5
10 Tips for successful English interview ········ 21

Chapter 6
Question 55 ········ 25

Chapter 7
기내 방송문 ········ 138

Chapter 8
Final advices for successful interview ········ 149

부록 1
Useful expressions ········ 156

부록 2
외국 항공사 기출 문제 ········ 160

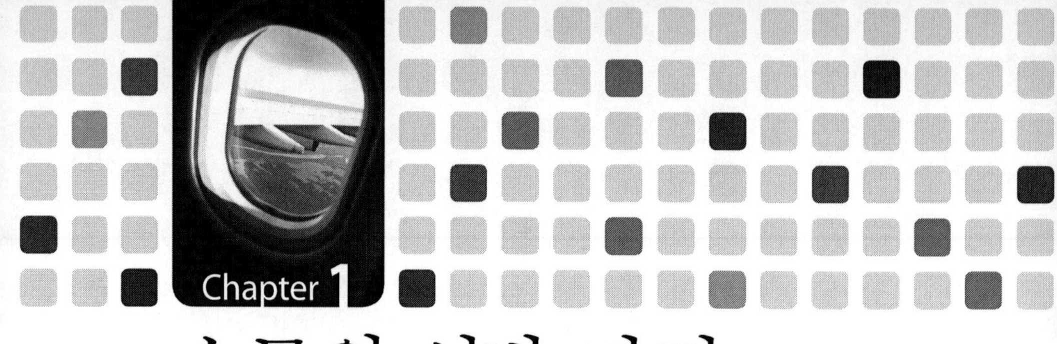

승무원 선발 과정

1. 서류 전형

항공사의 인사 담당자는 수 천 건에 달하는 자기 소개서와 이력서를 검토해야 하므로 한 눈에 들어 오도록, 지나치게 빽빽하지는 않게 적절한 간격을 유지하여 작성하도록 한다. 각 항공사의 인재상에 부합하도록 작성하도록 하며 자기 소개서의 경우 성격, 성장 과정, 지원 동기, 포부 등으로 단락을 구분하여 작성하는 것이 좋다. 항공사에서 글자수를 제한한 경우(예를 들어 1,000자 이내) 제한된 글자수를 초과하지 않도록 하며 반대로 제한한 글자수에 지나치게 미치지 않는 것도 좋지 않으므로 글자수를 체크해가며 작성하도록 한다.

2. 1차 면접(실무진 면접)

실제 비행을 하고 있는 고참 승무원들이 면접관이 되어 진행되며 항공사에서 원하는 이미지에 맞는 지원자를 선발하게 된다. 항공사에서 원하는 이미지는 항공사마다 조금씩 다르겠지만 기본적으로 호감이 가는 인상과 말투를 사용하며 밝고 상냥한 이미지의 지원자들을 선발하게 된다.

3. 체력 검사, 어학 능력, 인성 및 적성 검사

승무원은 강인한 체력을 요구하는 직업이기 때문에 모든 항공사가 반드시 체력 검사를 실시하고 있으며 대개는 유연성이나 근력을 테스트하게 된다.

또한 외국 항공사는 물론이고 국내의 모든 항공사가 국제선을 취항하고 있기 때문에 기본적인 영어 실력은 필수적이다. 거기에 일본어나 중국어와 같은 제2외국어가 가능하다면 더욱 유리하다.

4. 임원진 면접

최종 면접으로써 임원진이 면접을 실시하게 된다. 회사에 대한 충성도나 인성에 관한 체크가 이루어지며 갑작스러운 질문을 받게 되는 경우가 많으므로 당황하지 않고 표정에 주의하며 답하도록 한다.

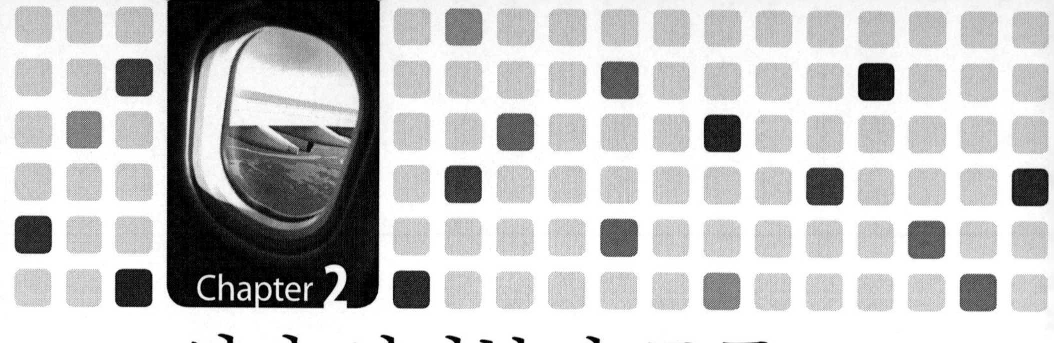

영어 인터뷰의 종류

1. 그룹 면접

국내 항공사의 실무진 면접 및 임원진 면접과 동일한 형태라고 생각하면 된다. 지원자 5명 내외가 입실하여 선 자세에서 혹은 앉아서 대답하는 형식이다. 국내 항공사의 경우 대부분 선 자세에서 진행이 되며 일부 항공사의 경우 다리가 휘었는지 체크하기 위해 뒤로 돌아보라는 요구를 하기도 한다. 입실하는 순간부터 표정이나 걷는 모습에 유의해야 하며 크고 자신감 있는 목소리로 대답하도록 한다. 지원자들의 수가 많은 관계로 1분 이상 길게 대답하지 않도록 주의하도록 한다.

2. 개별 면접

수 백, 수 천에 달하는 지원자와 오랜 시간 면접을 하다 보면 면접관들도 지치게 마련이다. 틀에 박힌 이야기보다는 흥미를 유발시킬 수 있는 대화를 끌어가도록 노력한다. 외국인 면접관이라고 해서 긴장을 풀면 안 되며 공손한 태도와 말투를 사용하도록 주의한다. 영어에도 공손한 표현이 있다는 것을 명심하자.

3. 그룹 토의

주로 외국 항공사에서 이루어지는 면접의 형태이며 팀원들과 함께 토의를 거쳐 결론을 도출해 내는 형식으로 진행이 된다. 적절히 맞장구를 친다거나 고개를 끄덕이는 등의 제스처를 취하며 다른 사람의 의견을 경청하는 자세가 중요하다. 정답을 도출해 내는 것보다는 팀워크를 발휘하여 정해진 시간 내에 토론을 하고 결론을 내는 것이 가장 중요하다는 것을 명심하자.

4. 그림, 사진 묘사

그림이나 사진을 묘사하는 형식으로 진행된다. 정확한 묘사를 하도록 하며 지나치게 과장하거나 개인의 감정을 필요 이상으로 이입하는 것은 좋지 않다.

5. Article Reading

주어진 글을 정해진 시간 안에 읽고 요점을 정리하여 설명하는 형식으로 진행된다. 면접 중에는 긴장하여 글이 눈에 들어오지 않게 마련이므로 평소 영자 신문 등을 꾸준히 읽고 정리하여 설명하는 연습을 하도록 한다.

6. Role Play

면접관이 역할을 정해주면 지원자가 대처 능력을 발휘해 어려운 상황을 해결해가는 과정을 체크하는 형식으로 진행된다. 당연히 당황스럽고 해결하기 어려운 상황이 주어지게 되지만 포기하지 않고 적극적인 자세로 임하도록 한다. 어려운 상황이라고 해서 표정이나 자세가 흐트러지지 않도록 주의해야 한다.

국내항공사 정보

1. 대한항공 Korean Air

창립일 | 1969년 3월 1일

CEO | 대한항공 총괄사장 이종희, 한진 그룹 회장 조양호

비전 | 세계 항공 업계를 선도하는 글로벌 항공사

To be a respected leader in the world airline community

미션 | Excellence in flight

면접 주안점 | 밝고 건강한 이미지, 적극성, 국제적인 감각

홈페이지 | http://kr.koreanair.com

2. 아시아나 항공 Asiana Airlines

창립일 | 1988년 2월 17일

CEO | 윤영두 대표이사

기업철학 | 고객이 원하는 시간과 장소에 가장 빠르고, 가장 안전하고, 가장 쾌적하게 모시는 것

면접 주안점 | 적극성, 진취적인 태도, 영어

홈페이지 | http://www.flyasiana.com

3. 제주항공 Jeju Air

창립일 | 2005년 1월 25일

CEO | 김종철 대표이사

미션 | 신선한 서비스, 부담 없는 가격, 안전하고 즐거운 비행으로 고객과의 약속을 지키는 항공사

면접 주안점 | 영어 이외 어학능력 우수자 우대(JPT, HSK 등)

홈페이지 | http://www.jejuair.net

4. 에어부산 Air Busan

창립일 | 2007년 8월 31일

CEO | 김수천 대표이사

인재상 | 도전과 창의정신으로 서로 협동하며 고객을 위해 열과 성의를 다하는 에어부산인(고객 중심, 도전과 창의, 열정, 협동)

면접 주안점 | 밝은 인상, 외국어 및 직무 관련 자격 소지자 우대

홈페이지 | http://www.airbusan.com

5. 진 에어 Jin Air

창립일 | 2008년 1월 23일

CEO | 김재건 대표이사

비전 | 프리미엄 실용 중-단거리 항공사

면접 주안점 | 열정적, 창조적 인재

특이사항 | 티셔츠에 청바지를 입고 면접을 봄

홈페이지 | http://www.jinair.com

6. 이스타 항공 Eastar Jet

창립일 | 2007년 10월 26일

CEO | 이상직 대표이사

비전 | 비행 안전을 최고의 가치로 여기는 항공사, 고객에게 짜릿함을 주는 젊은 항공사, 아시아 최고의 저비용 항공사

면접 주안점 | 영어 및 제2 외국어 우수자 우대

홈페이지 | http://www.eastarjet.co.kr

외국항공사 정보

1. 중국 국제 항공 Air China

베이스 I 베이징(근무 노선: 한중 노선, 중국 국내선)

학력 I 4년제 졸업자/졸업예정자

신장 I 160cm~170cm

시력 I 나안 시력 0.2 이상(난시 없어야 함)

특징 I 중국어와 영어 회화 가능자 우대, 토익 500점 이상, HSK7급 이상

홈페이지 I http://www.air-china.co.kr

2. 중국 동방 항공 China Eastern Airlines

베이스 | 서울(근무 노선: 한중 노선, 중국 국내선)

학력 | 2년제 졸업자/졸업예정자

신장 | 164cm~175cm

시력 | 나안 시력 0.2 이상(난시 없어야 함)

특징 | 영어 회화 필수, 중국어 가능자 우대, 흉터나 외모 등을 중시

홈페이지 | http://www.easternair.co.kr

3. 케세이퍼시픽 항공 Cathay Pacific

베이스 | 홍콩

학력 | 2년제 졸업자/졸업예정자, 나이 제한 없음

신장 | Arm reach 208cm

시력 | 나안 시력 0.2 이상

특징 | 영어, 한국어 능통자

홈페이지 | http://www.cathaypacific.com

4. 말레이시아 항공 Malaysia Airlines

베이스 | 쿠알라룸프

학력 | 4년제 졸업자/졸업예정자

신장 | 158cm 이상

시력 | 교정 시력 1.0 이상

특징 | 영어 회화 및 작문 능통자, 고객 서비스 경험자 우대

홈페이지 | http://www.malaysiaairlines.com

5. 루프트한자 항공 Lufthansa

베이스 | 프랑크푸르트

학력 | 고졸 이상(만 30세 이하)

신장 | 160cm 이상

시력 | 교정시력 1.0 이상

특징 | 영어와 한국어 능통자, 기초 독일어 가능자 우대.
입사 후 독일어 수업을 들으며 독일어 테스트를 통과하면
정직원으로 전환.
입사 6년차는 독일 영주권 취득

홈페이지 | http://www.lufthansa.com

6. 싱가포르 항공 Singapore Airlines

베이스 | 싱가포르

학력 | 4년제 졸업자/졸업예정자

신장 | 160cm 이상

시력 | 교정시력 1.0 이상

특징 | 구명 조끼 입고 물에 뜨는 물 공포 시험, 서류 접수 시 사진 중요

홈페이지 | http://www.singaporeair.com

7. KLM 항공

베이스 I 서울

학력 I 4년제 졸업자/졸업예정자, 만 30세 이하

신장 I 158cm 이상

시력 I 교정시력 1.0 이상

특징 I 영어 비중 높음, 서비스 경험자 우대, 4년 계약(재계약 없음)

홈페이지 I http://www.klm.com

8. 카타르 항공 Qatar Airways

베이스 I 도하

학력 I 2년제 졸업자/졸업예정자

신장 I 158cm 이상

시력 I 교정 시력 1.0 이상

특징 I 흉터 없어야 함, 영어 회화 및 작문 가능자

홈페이지 I http://www.qatarairways.com

9. 타이 항공 Thai Airways

베이스 I 방콕

학력 I 2년제 졸업자/졸업예정자

신장 I 160cm 이상

시력 | 교정시력 1.0 이상

특징 | 첫인상, 용모 중시, 50m 수영 테스트

홈페이지 | http://www.thaiair.co.kr

10. 에미레이츠 항공 Emirates Airline

베이스 | 두바이

학력 | 고등학교 졸업 이상

신장 | Arm reach 212cm 이상

시력 | 교정시력 1.0 이상

특징 | 영어 회화 및 작문 가능자, 그룹 디스커션 및 그림 묘사

홈페이지 | http://www.emirates.com

10 Tips for successful English interview

1. 'what to say' 보다 'how to say'에 치중하라.

'말의 내용'보다는 '말하는 방법'이 중요하다. 같은 내용이라도 어떤 표정과 자세, 목소리, 스피드로 이야기하는 지가 중요하다.

2. 쉬운 단어를 사용해라.

'mingle'(사람들과 섞이다, 어울리다)보다는 'mix', 나 'get along with'와 같이 쉬운 단어를 사용하는 것이 좋다. 어려운 단어를 사용해서 어렵게 이야기하는 것보다 쉬운 단어를 사용해서 쉽게 설명하는 것이 중요하다.

3. 100%를 나타내는 단어의 사용을 자제해라.

Never, always, everyday와 같은 단어들은 내용의 신빙성을 떨어뜨릴 우려가 있기 때문에 try to, try not to, usually 등으로 바꾸어 사용하는 것이 좋다.

4. Casual한 표현은 자제해라.

영어 면접도 한국어 면접과 마찬가지로 최대한 공손한 표현을 사용해야 한다. gonna, wanna, cause와 같은 표현은 본인의 격을 떨어뜨릴 뿐이다.

5. 결론부터 이야기하고 부연 설명을 해라.

How나 What으로 시작하는 질문은 핵심이 되는 내용을 먼저 대답한 후에 부연 설명을 해야 한다. 한국어와는 달리 영어에서는 중요한 내용이 앞에 오는 것을 명심하자. 마찬가지로 yes나 no를 필요로 하는 질문도 yes인지 no인지를 확실히 대답한 후에 부연 설명을 해야 한다.

6. 부정적 질문에 대답할 때는 표현을 바꾸어서 대답한다.

'What kinds of people do you hate to work with?'라는 질문에 대답할 때는 'I hate to work with~'보다는 'I don't like to work with~'나 'I am not happy when I work with~' 정도로 바꾸어 대답하는 것이 좋다. 부정적인 질문을 받았을 때는 대답의 내용(What)도 중요하지만 말하는 방식(How) 또한 중요하다는 점을 명심하자.

7. Hidden purpose를 염두에 두자.

너무나 개인적인 질문, 예를 들어 '지난 주말에 무엇을 하셨나요?'라는 질문을 왜 하는 것일까를 생각해 보자. '집에서 TV보면서 쉬었다'라는 대답을 한 지원자에 비해 '친구들을 만나 영화를 보고 식사를 했다'라는 대답을 한 지원자가 훨씬 원만한 인간 관계를 가지고 있고 적극적, 활동적으로 보일 것이다. 면접 중 의미 없이 던지는 질문은 없다. 거의 모든 질문은 Hidden purpose를 가지고 있다는 것을 명심하고 숨겨진 의도를 파악한 후 대답을 준비하자.

8. Following question에 대비해라.

예를 들어 '지난 주말에 영화를 봤습니다'라고 대답한다면 무슨 영화를 봤는지, 내용은 어땠는지를 물어볼 수 있다. 마찬가지로 '취미가 여행입니다'라고 했다면 가장 인상 깊었던 여행지나 추천하고 싶은 여행지가 어디인지 물어볼 수 있다. 본인이 했던 대답에 뒤이어 나올 수 있는 질문들을 예상하고 준비하자.

9. 질문을 이해하지 못했을 때는 확실히 물어본 후 대답한다.

면접 중에는 긴장하기 마련이므로 간혹 질문을 제대로 듣지 못하거나 이해하지 못하는 경우가 생길 수 있다. 모르는 것을 물어보는 것은 절대 마이너스 요소가 아니다. 하지만 'What?'이나 'Sorry?'와 같이 묻는다면 치명적일 수가 있다. 'May I beg your pardon?'이나 'I'm afraid I don't understand. Would you tell me one more time please?' 정도로 공손하게 물어본 후 정확한 대답을 하자.

10. '크게, 천천히, 끝까지' 대답하라.

한국어 면접에 비해 아무래도 영어 면접 시에는 더욱 긴장하게 되고 이로 인해 말소리가 작아지거나 빨라지는 경향이 있다. 영어 면접은 영어 레벨 테스트가 아니다. 자신감을 가지고 크게, 천천히, 끝까지 이야기하는 것만으로도 큰 플러스 요인이 될 수 있다.

Question 55

Question 01
Self introduction
_자기소개

자기 소개는 가장 중요함과 동시에 가장 기본적이기 때문에 많은 연습을 통해 자연스럽게 이야기할 수 있도록 해야 한다. 자기 소개 준비 시 유의할 사항은 다음과 같다.

① 나이, 사는 곳, 고향, 가족 관계는 이야기하지 않는다.
② 최장 1분을 넘지 않도록 준비한다.
③ 서론, 본론, 결론에 맞게 이야기한다.
④ 너무 많은 내용을 말하려 하지 말고 중요한 내용 2~3가지만 간추려 이야기한다.

서론

1. 인사

It is nice to meet you.

▶만나 뵙게 되어 반갑습니다.

I'm pleased to meet you.

▶만나 뵙게 되어 반갑습니다.

2. 이름

My name is jin-ju choi.(I'm jin-ju choi 사용하지 말 것)

▶제 이름은 최진주입니다.

본론

1. 전공

I majored in ~.

▶저는 ~을 전공했습니다.

My major is ~.

▶제 전공은 ~입니다.

I double majored in ~ and ~.

▶저는 ~과 ~을 복수 전공했습니다.

2. 경력, 동아리 활동, 아르바이트, 어학연수, 자원봉사 경험

I had many part time jobs such as '구체적 아르바이트 경험' for '기간'.

▶저는 ~얼마 동안 ~아르바이트를 한 경험이 있습니다.

I did voluntary work at 어디 for 기간.

▶저는 ~에서 ~얼마 동안 자원 봉사를 했습니다.

I studied English in the States for 기간.

▶저는 미국에서 ~얼마 동안 영어 공부를 했습니다.

I did many activities at school club.

▶저는 학교 동아리에서 많은 활동을 했습니다.

*단, 2번에서 제시된 내용 중 경험이 부족하거나 아예 없는 경우는 본인의 성격이나 원만한 인간 관계 등으로 내용을 보충할 수 있다.

3. 2에서 말한 경험을 통해 느끼거나 배운 점

Through this experience, I found myself to be well-harmonized.

▶이 경험을 통해 제 자신이 조화로운 사람임을 알게 되었습니다.

I realized that I had a talent for service field.

▶제가 서비스 분야에 재능이 있음을 알게 되었습니다.

From this experience, I could learn service mind and team work.

▶이 경험을 통해 서비스 마인드와 팀워크를 배울 수 있었습니다.

I'm sure it would be very helpful experience for me to work as a flight attendant.

▶이 경험이 승무원으로 근무하는데 매우 도움이 될 것이라 확신합니다.

결론

1. 간단한 포부나 감사의 인사

I sincerely hope to be the best flight attendant here in Korean Air.

▶이곳 대한항공의 최고의 승무원이 되기를 진심으로 희망합니다.

I hope I can fully show you who I am.

▶제가 어떤 사람인지 충분히 보여드리기를 희망합니다.

Thank you for giving me a chance for this interview.

▶인터뷰 기회를 주셔서 감사합니다.

Thank you for listening.

▶들어 주셔서 감사합니다.

Example 1

It is very nice to meet you. My name is Jin-Ju Choi. I majored in English and English literature. When I was in university, I stayed in Australia for one year to study English. From foreign experience, I could be more open-minded and I could learn how to treat people with various backgrounds and cultures. I'm sure it would be very useful experience when I work for Korean Air. Thank you for giving me a chance for this interview and I hope to fully show you who I am.

▶만나 뵙게 되어 반갑습니다. 제 이름은 최진주입니다. 저는 영어영문학을 전공했습니다. 대학 시절 영어 공부를 위해 호주에 1년간 머물렀습니다. 외국 생활

을 통해 더욱 열린 마음을 가지게 되었고 다양한 배경과 문화를 가진 사람들을 대하는 법을 배울 수 있었습니다. 그것은 제가 대한항공을 위해 근무할 때 매우 유용한 경험이 될 것이라 확신합니다. 인터뷰 기회를 주셔서 감사드리며 제가 어떤 사람인지 충분히 보여드리기를 희망합니다.

Example 2

I'm pleased to meet you. My name is Jin-Ju Choi. I double majored in Education and Sociology. When I was a student, I had various part time jobs in service field. Also I did voluntary work regularly at orphanage for about two years. Through these experiences I realized that I had a talent for service field. Also I could learn how important teamwork is.

That is why I am here to make my dreams come true. I sincerely hope to be the best flight attendant here in Korean Air. Thank you very much for listening.

▶만나 뵙게 되어 반갑습니다. 제 이름은 최진주입니다. 저는 교육학과 사회학을 복수 전공했습니다. 학창 시절, 저는 서비스 분야에서의 다양한 아르바이트를 경험했습니다. 또한 약 2년 간 고아원에서 정기적으로 자원 봉사를 했습니다. 이런 경험들을 통해 제가 서비스 분야에 재능이 있음을 알게 되었습니다. 또한 팀워크가 얼마나 중요한지도 배울 수 있었습니다. 그것이 바로 제 꿈을 실현하고자 제가 이 자리에 있는 이유입니다. 이곳 대한항공의 최고의 승무원이 되기를 진심으로 희망합니다. 들어주셔서 대단히 감사합니다.

Question 02
Why do you apply for this position?
_지원동기

자기 소개와 더불어 가장 기본적으로 준비해야 함과 동시에 대답하기 까다로운 질문 중 하나가 바로 지원동기이다. 물론 정답은 없다. 하지만 피해야 할 대답은 분명히 있다.

① 여행을 좋아해서
② 평생 직장 혹은 전문직이라고 생각해서
③ 복지가 좋아서
④ 주변 사람들의 추천

Example 1

I am active and outgoing. So I want a job with many opportunities to meet various people.

▶저는 활동적이고 외향적입니다. 그래서 다양한 사람들을 많이 만날 수 있는 기회를 가진 직업을 갖기를 희망합니다.

Example 2

From various part time experiences, I found my talent for service field. I'm sure this job meets my aptitude and I could work happily. That's why I apply for this position.

▶저는 다양한 아르바이트 경험을 통해 서비스 분야에서 저의 재능을 발견했습니다. 이 직업이 제 적성에 맞고 따라서 행복하게 일할 수 있다고 확신합니다. 그것이 제가 지원한 이유입니다.

Example 3

I majored in Tourism Management. I'd like to make full use of what I learned and experienced. Also I'm sure I would enjoy this job and it would make passengers happy.

▶저는 관광경영을 전공했습니다. 제가 배우고 경험한 것을 최대한 활용하기를 희망합니다. 또한 제가 즐기면서 일을 할 수 있다고 생각하며 그로 인해 승객들을 행복하게 해 드릴 수 있을 것이라 확신합니다.

Example 4

When I was in university, I did many voluntary works in charity. It was happy and worthy experience. I'd like to be helpful with those who need my assistance.

▶대학 시절, 자선 단체에서 많은 봉사활동을 했습니다. 그것은 행복하고 값진 경험이었습니다. 저는 저의 도움을 필요로 하는 분들께 도움이 되어 드리고 싶습니다.

Question 03

How did you prepare for this interview?

_어떻게 인터뷰를 준비하셨습니까?

TIP 승무원 양성 학원을 다녔던 분들의 경우 단순히 학원에서 면접 준비와 스마일 연습을 했다고만 대답하면 곤란하다. 앞서 했던 혹은 앞으로 할 모든 대답이 본인의 생각이 아니라 마치 면접 강사로부터 첨삭 지도를 받아서 하는 듯한 인상을 주기 때문이다. 굳이 학원을 언급하려면 '승무원의 책임과 근무 환경' 혹은 '고객 만족과 올바른 고객 응대 방법'에 관한 수업을 통해 승무원이라는 직업을 제대로 이해할 수 있게 되었다고 하는 편이 좋다.

Example 1

I tried hard to be qualified for this position. Every morning I search on the internet for information and knowledge regarding this job. Also I studied English and Japanese hard which are very essential for this position.

▶이 직업에 자격을 갖추고자 열심히 노력했습니다. 매일 아침 인터넷 검색을 통해 이 직업에 관한 정보와 지식을 얻고자 했습니다. 또한 승무원에게 매우 필수적인 영어와 일본어를 열심히 공부했습니다.

Example 2

I think this job would be physically hard. So to improve my health, I go to fitness center almost every morning. Also, to know how to treat customers politely, I've been working for 2 years in service field. I believe these would help me a lot if I would work for Asiana Airlines.

▶제가 생각하기에 이 직업은 체력적으로 힘들 것 같습니다. 그래서 체력 향상을 위해 저는 거의 매일 아침 fitness center에 갑니다. 또한 손님들을 공손하게 대하는 법을 익히고자 2년 간 서비스 분야에서 근무하고 있습니다. 이러한 노력들은 제가 훗날 아시아나 항공에서 근무하게 되었을 때 굉장히 도움이 될 것이라 믿습니다.

Question 04
Life motto
_생활 신조

TIP 본인의 생활 신조를 이야기하되 상투적인 문구나 인터넷 등에서 베낀 것은 수많은 지원자들이 이미 이야기한 것이기 때문에 가급적 하지 않는 편이 좋다. 저자의 경험에 비추어 보았을 때 지원자들이 가장 많이 이야기하는 생활 신조는 'No pain, no gain'과 'Do my best'이다. 상투적이고 지겨울 뿐더러 성의 없어 보이기 때문에 절대 피하도록 한다.
본인의 생활 신조를 밝힌 후 이를 지키기 위해 어떤 노력들을 하고 있는지를 덧붙인다.

Example 1

My life motto is 'No regret'. It means I do my best whatever I do not to regret later. To keep my motto, I try to be careful and considerate when making decision. I believe my life motto would be very helpful when I work as a flight attendant.

▶제 생활 신조는 '후회하지 말자' 입니다. 나중에 후회하지 않기 위해 무슨 일이든 최선을 다하자는 뜻입니다. 이를 지키기 위해 어떤 결정을 내릴 때 신중하고 사려 깊게 행동하고자 노력합니다. 이러한 제 생활 신조가 훗날 승무원으로 근무할 때 큰 도움이 될 것이라 믿습니다.

Example 2

My life motto is 'Enjoy my life'. I know it is not always possible to be happy about everything. But I try to look on the bright side of things. With my life motto, I'm sure I could enjoy working for Asiana Airlines.

▶제 생활 신조는 '인생을 즐기자' 입니다. 모든 것에 행복해 하는 것이 언제나 가능하지 만은 않다는 것을 알고 있습니다. 하지만 저는 어떤 일의 밝은 면을 보려고 노력합니다. 이런 긍정적인 마인드를 가지고 아시아나 항공에서 즐겁게 일할 수 있을 것이라 확신합니다.

Question 05
Hometown
_고향

TIP 고향에 대해 이야기할 때는 단순히 본인이 태어나기만 한 곳보다는 본인이 자라난 곳, 가장 오랜 시간을 보낸 곳에 대해 이야기하도록 하자. 유명한 축제나 관광지 등에 대해 소개한 후 '초대하고 싶다' 혹은 '추천해 드리고 싶다' 등으로 결론짓도록 한다. 고향이 서울인 경우 서울에 대한 전반적인 이야기를 할 수도 있고 뚜렷한 특징이 있는 곳이라면 '서울의 무슨 동' 하는 식으로 이야기를 풀어 나갈 수도 있다.

Example 1

I was born in Yeosu but I grew up in Gwangju until high school. Gwangju is famous for art and food. So art festival 'Biennale' is held every 2 years and Kimchi festival is held every year. I'd like to invite you to my beautiful hometown Gwangju.

▶저는 여수에서 태어났지만 고등학교 졸업 시까지 광주에서 자랐습니다. 광주는 예술과 음식으로 유명합니다. 그래서 예술 축제인 '비엔날레'가 2년에 한 번 개최되고, 김치 축제가 매년 열립니다. 제 아름다운 고향 광주로 초대하고 싶습니다.

Example 2

My hometown is Seoul, the capital of Korea. It has long history over 600 years. So there are a lot of historical places such as Gyeongbok Palace and Changdeok Palace. I'm proud of my hometown.

▶제 고향은 대한민국의 수도인 서울입니다. 서울은 600년 이상의 오랜 역사를 가지고 있습니다. 그래서 경복궁이나 창덕궁과 같은 역사적인 장소들이 많이 있습니다. 저는 제 고향 서울이 자랑스럽습니다.

Example 3

I'm from Jeju Island. It is known for beautiful scenery and many tourist attractions. Various seafood and black pork are also popular. That is why so many foreign tourists visit there. If you have chance, please visit Jeju Island.

▶제 고향은 제주도입니다. 제주도는 아름다운 경치와 많은 관광 명소로 알려져 있습니다. 다양한 해산물과 흑 돼지 또한 유명합니다. 그것이 바로 많은 외국 관광객들이 제주를 방문하는 이유입니다. 기회가 되신다면 제주도에 방문해 주십시오.

Question 06
Demerits of working as a flight attendant
_승무원으로 일할 때의 단점

TIP 요즘 면접의 경향 중 하나가 'Negative question'이다. 지원자의 '장점'보다는 '단점'을 자주 물어보며 '직업의 장점'보다는 '직업의 단점'을 더 자주 물어본다. 또한 이 항공사의 장점보다는 단점이나 개선할 점을 많이 물어본다.(항공사의 단점, 개선할 점에 관한 질문은 한국어로 주로 묻기 때문에 한국어 대답은 반드시 준비해 놓도록 하자.) 승무원이라는 직업에 환상만을 가지고 있지는 않는지, 이 직업에 대해 제대로 이해하고 있고 그래서 단점까지 알고 있는지, 나아가 극복할 준비가 되어 있는지를 알고자 하는 의도이다. 밑에 언급될 단점을 모조리 이야기하지는 말고 한 개 정도만 언급한 후 극복할 준비가 되어 있음을 밝혀주자.

Example 1

Every job has merits and demerits. I think this job is physically hard because of irregular schedule. But by exercising regularly and steadily, I would try to overcome.

▶모든 직업은 장점과 단점을 가지고 있다고 생각합니다. 제 생각에 이 직업은 불규칙한 스케줄로 인해 육체적으로 힘들 것이라 생각합니다. 하지만 규칙적이고 꾸준한 운동을 통해 극복하고자 노력하겠습니다.

Example 2

Every job has demerits, I think. This job would be a bit hard because I should keep smiling all the time even when I treat upset passengers. But it's also part of my duty. I'm fully aware of it and I'm sure I could handle any situation.

▶모든 직업에는 단점이 있게 마련입니다. 이 직업은 화난 승객을 대할 때도 미소를 유지해야 한다는 것이 조금 힘들 것이라 생각됩니다. 하지만 그것 역시 제 임무의 일부입니다. 이를 완벽히 숙지하고 있으며 어떤 상황에서도 잘 처리해 나갈 것이라 믿습니다.

Question 07

How are you?

_기분이 어떠신가요?

TIP 외국인 면접의 경우 보자마자 자기 소개나 지원 동기를 묻는 경우는 거의 없고 'How are you?' 정도로 가볍게 이야기를 시작하게 마련이다. 너무나 간단해 보이는 질문이지만 의외로 적당한 대답을 하지 못해 우물쭈물하는 지원자가 상당히 많다. 대화를 여는 질문이니만큼 무난하고 적절한 대답을 준비하되 너무나 판에 박힌 대답인 'I' m fine. Thank you. And you?'는 가급적 피하자.

Example 1

I feel good. Thank you.

▶좋습니다. 감사합니다.

Example 2

I feel great today. Thank you.

▶오늘 기분 좋습니다. 감사합니다.

Example 3

I'm excited to be here. Thank you.

▶이 자리에 오게 되어 기쁩니다. 감사합니다.

Example 4

I'm a bit nervous but I'm sure I will calm down soon. Thank you.

▶약간 긴장되지만 곧 나아질 것으로 생각합니다. 감사합니다.

Question 08

How did you get here?

_어떻게 오셨습니까?

TIP 한국어와 영어 모두 굉장히 자주 받는 질문 중 하나이다. 당연히 정답이나 모범 답안은 없지만 '어머니가 태워다 주셨다', '택시 타고 왔다', '운전해서 왔다'는 등의 대답은 가급적 피하도록 한다. 이 질문과 함께 자주 나오는 'How long did it take to get here?'(오는데 얼마나 걸리셨습니까?)는 다음에 나올 예시 문장의 앞뒤만 바꿔서 이야기하면 된다.

Example 1

I got here by bus and it took about 30 minutes.

▶버스를 타고 왔으며 약 30분 소요되었습니다.

Example 2

I took subway line number 5 and it took about 40 minutes.

▶지하철 5호선을 이용했으며 약 40분 걸렸습니다.

Example 3

I took subway line number 2 and transferred to line number 5 at 까치산 station.

▶지하철 2호선을 타고 오다가 까치산역에서 5호선으로 갈아탔습니다.

Question 09

How do you study English?

_영어 공부 어떻게 하십니까?

국내선 비행에서도 다수의 외국인들을 접하게 된다. 하물며 국제선에서 근무한다면 영어의 중요성은 두말 할 나위도 없다. 높은 토익 점수도 물론 중요하지만 실질적인 회화 능력이 실제 근무 시에는 더욱 중요하기 때문에, 회화 능력 향상을 위해 listening과 speaking 연습을 꾸준히 하고 있다고 대답한다.

Example 1

I go to English conversation class 3 times a week. It helps a lot to improve English skill.

▶저는 일주일에 세 번 영어 회화 학원에 갑니다. 영어 실력 향상에 큰 도움이 됩니다.

Example 2

I watch English movies and dramas without subtitle. And in the subway or bus I read English novels to keep my English skill.

▶저는 자막 없이 영화나 드라마를 봅니다. 그리고 영어 실력 향상을 위해 지하철이나 버스에서는 영어로 된 소설을 읽습니다.

Example 3

I write a dairy in English every evening. Also I like to watch American sitcom to improve listening skill.

▶저는 매일 저녁 영어로 일기를 씁니다. 또한 듣기 실력 향상을 위해 미국 시트콤 보는 것을 좋아합니다.

Question 10
What do you think of your English?
_본인의 영어 실력이 어떻다고 생각하십니까?

간혹 'bad' 혹은 'terrible'이라고 대답하는 지원자가 있다. 아무리 본인의 영어 실력이 많이 부족하다고 해도 '아주 못한다', '자신 없다' 등의 자신감 없는 대답은 바람직하지 않다. '그다지 잘하지는 않지만 업무에 필요한 정도는 할 수 있다'라고 하거나 '아직 부족하지만 꾸준히 노력하고 있다'는 식으로 대답하는 것이 좋다.

Example 1

I think my English is not that bad because I study English hard and steadily.

▶저는 영어를 열심히 그리고 꾸준히 공부하기 때문에 영어 실력이 그렇게 나쁘진 않다고 생각합니다.

Example 2

I'm afraid my English is not that good but it is getting better, I believe. Because I go to English conversation class 3 times a week and write a diary in English to improve English skill.

▶제 영어 실력이 그렇게 좋진 않지만 나아지고 있다고 생각합니다. 왜냐하면 영

어 실력 향상을 위해 일주일에 3번 회화 학원을 가며 영어로 일기도 쓰기 때문입니다.

Example 3

I cannot speak English very fluently but I can communicate with foreigners without big problem.

▶영어를 아주 유창하게 구사하지는 못하지만 외국인들과 의사 소통하는데 큰 문제는 없습니다.

Question 11
Why do you apply for this company?
_왜 우리 회사에 지원하셨습니까?

TIP 지원 동기인 'Why do you apply for this position?'과 구분해야 한다. 수많은 항공사 중에 왜 우리 회사인지를 묻는 질문이다. 단순히 '이 회사가 유명하기 때문에' 라든가 '최고의 항공사여서' 와 같이 항공사 자체에 대해서만 언급하는 대답은 적절치 않다. 지원한 항공사에 대한 구체적인 사실, 수상 경력 등에 대한 칭찬을 한 후 '이런 훌륭한 항공사에서 어떻게 하겠다'는 식의 본인에 관한 언급, 즉 포부를 밝혀야 한다.

Example 1

Korean Air is known for the best service in aviation industry. I would be very proud of being a member of the best company. Also I'm sure I could improve myself in this company. That is why I apply for Korean Air.

▶대한항공은 항공 업계에서 최고의 서비스로 알려져 있습니다. 제가 최고의 항공사의 일원이 된다면 매우 자랑스러울 것입니다. 또한 이 회사에서 제 자신을 발전시켜 나갈 수 있을 것이라 확신합니다. 그것이 바로 제가 대한항공에 지원한 이유입니다.

Example 2

Based on my strength and various experiences in service field, I'm sure I can be an asset in this company. Also Asiana Airlines is very famous for high quality service. I would like to be the best employee in this company. That is why I apply for this company.

▶저의 장점과 서비스 분야에서의 다양한 경험을 바탕으로 제가 이 회사의 인재가 될 수 있을 것이라 확신합니다. 또한 아시아나 항공은 높은 수준의 서비스로 유명합니다. 이 회사에서 최고의 승무원이 되고 싶습니다. 그것이 제가 이 회사에 지원한 이유입니다.

Example 3

For a long time, one of my dreams has been being a capable flight attendant. I apply for Asiana Airlines because I hope to make my dreams come true in a promising and outstanding company which is famous for the best service.

▶오랫동안 제 꿈은 능력 있는 승무원이 되는 것이었습니다. 최고의 서비스로 유명한 전도유망하고 우수한 아시아나 항공에서 제 꿈을 이루고 싶어서 지원하게 되었습니다.

Question 12
Why should I hire you?
_왜 당신을 채용해야 합니까?

TIP 한국어로 직역하면 자칫 기분 나쁘게 들릴 수도 있는 질문이지만 본인의 장점이나 서비스 분야에서의 다양한 경험, 폭넓은 지식 등을 이야기하는 기회로 삼으면 된다. 다만 결론을 'That is why you should hire me' 라고 하면 다소 무례하게 들릴 우려가 있으니 부드러운 표현으로 바꾸도록 한다.(외국 항공사에서 흔하게 나오는 질문이니 외국 항공사에 지원할 계획이 있는 분들은 꼭 영어로 답을 준비하도록 하자. 국내 항공사에서는 영어보다는 한국어 질문의 비중이 더 높다.)

Example 1

I have various experiences in service field and these experiences would be very useful when I work as a flight attendant. From these experiences I learned how to treat customers politely and how to meet their needs quickly. So I believe I'm suitable for this position.

▶저는 서비스 분야에서의 다양한 경험을 가지고 있고 이러한 경험들은 승무원으로 일하는데 아주 유용할 것입니다. 이런 경험들로부터 저는 손님들을 공손하게 대하는 법과 그들의 요구를 신속히 들어드리는 방법을 배웠습니다. 그래서 저는 제가 이 직업에 적합하다고 생각합니다.

Example 2

My major is tourism management. Based on my knowledge from major and my outgoing personality, I'm absolutely sure I can contribute to this company.

▶제 전공은 관광 경영입니다. 제가 전공을 통해 배운 지식과 외향적인 성격을 바탕으로 생각해 볼 때, 제가 이 회사에 기여할 수 있을 것이라 확신합니다.

Example 3

I have worked in a restaurant over 2 years. Based on what I learned in there which are service skill and teamwork, I think I can be an asset here in Korean Air.

▶저는 레스토랑에서 2년 넘게 근무했습니다. 제가 그곳에서 배운 서비스 스킬과 팀워크를 바탕으로 이곳 대한항공의 인재가 될 수 있을 것이라 생각합니다.

Question 13
Strength
_장점

TIP 'strength', 'strong point', 'personality' 모두 같은 내용의 대답이 가능하다. 장점을 대답할 때 'I'm outgoing, positive and active'와 같이 단순히 열거만 하는 것은 곤란하다. 장점을 언급한 후 그에 따른 에피소드나 부연 설명을 덧붙이고 '그러한 장점이 승무원으로 일 하는데 도움이 될 것이다' 혹은 '그러한 장점을 바탕으로 어떻게 일을 해 나가겠다'는 식으로 결론을 맺어주는 것이 좋다.

장점을 이야기할 때 유용하게 사용할 수 있는 표현은 다음과 같다.

Active 활동적인, 적극적인	Caring 자상한
Cautious 조심성 있는, 신중한	Considerate 사려 깊은, 신중한
Dedicated 헌신적인, 열심인	Diligent 부지런한, 성실한
Friendly 다정한, 친근한	Passionate 열정적인
Positive 긍정적인	Optimistic 낙관적인
Outgoing 외향적인, 사교적인	Polite 예의 바른
Responsible 책임감 있는	Tolerant 참을성 있는
Understanding 이해심 많은	

Example 1

I get along well with people. I try to build up good relationships with many people. And usually I make friends faster and easier than others. That is why many people are always around me.

▶저는 사람들과 잘 어울리며 많은 사람들과 좋은 관계를 쌓으려 노력합니다. 그

리고 다른 사람들에 비해 빠르고 쉽게 친구들을 사귀는 편입니다. 그것이 바로 제 주위에 언제나 많은 사람들이 있는 이유입니다.

Example 2

My strength is that I am positive. Of course I cannot always be happy but I try to look on the bright side of things. With my positive and bright personality, I would like to offer the best service to passengers of Asiana Airlines.

▶제 장점은 긍정적인 면입니다. 물론 언제나 행복할 수는 없지만 어떠한 일의 밝은 면을 보려고 노력합니다. 저의 긍정적이고 밝은 성격을 바탕으로 아시아나 항공을 이용하시는 승객들께 최고의 서비스를 제공해 드리고 싶습니다.

Question 14
Weakness
_단점

TIP 'strength'보다 대답하기는 더 힘들지만 오히려 더 자주 물어보는 질문이 바로 'weakness'이다. '화가 났을 때 표정 관리가 어렵다', '직언을 하는 편이다'와 같이 승무원으로서 치명적인 단점을 이야기하는 것은 곤란하다. '잠버릇이 나쁘다', '물만 먹어도 살이 찐다'와 같이 단점 같지 않은 단점을 이야기하는 것도 원하는 대답이 아니기 때문에 적절치 않다. 본인의 단점을 솔직히 이야기하되 이를 극복하기 위한 노력을 이야기하는 것이 좋다. 너무 직접적으로 단점을 이야기하기보다는 'sometimes'(때로), 'rather'(다소), 'a bit'(약간), 'tend to'(~하는 경향이 있다) 등의 표현을 사용하여 단점이 갖는 부정적인 이미지를 낮춰주도록 한다. 단점이지만 장점이 될 수도 있다는 식으로 이야기를 풀어 가는 것도 좋은 방법이다.

유용한 표현

Conservative 보수적인	Forgetful 잘 잊어버리는
Hasty 서두르는	Indecisive 우유부단한
Passive 수동적인	Perfectionist 완벽주의자
Shy 수줍어하는	Timid 소심한, 내성적인

Not good at rejecting 거절을 못한다

Care too much what others say 남들의 이야기에 지나치게 신경을 쓴다

Example 1

Sometimes it takes too much time when making decision. But once I make the decision, I don't look back and get on with the work.

▶결정을 내릴 때 때로는 너무 많은 시간이 걸리기도 합니다. 하지만 일단 결정을 내리고 나면 뒤돌아보지 않고 매진합니다.

Example 2

I'm not good at rejecting. But I know there are many situations that I can't accept. So I try to distinguish what I can and what I can't. So if necessary, I try to reject, but very politely not to hurt others.

▶저는 거절을 잘 못합니다. 하지만 제가 할 수 없는 많은 상황들이 있다는 것은 알고 있습니다. 그래서 제가 할 수 있는 것과 할 수 없는 것을 구별하려고 노력하고 있습니다. 그래서 필요한 상황에서는 상대방의 기분을 상하지 않게 정중한 방법으로 거절하려고 노력합니다.

Example 3

I'm rather hasty. Because of this, sometimes I make a mistake. So I try to have time to think one more time before starting something. On the other hand, it helps me to complete what I have to do faster than others and before the deadline.

▶저는 다소 성격이 급합니다. 그것 때문에 간혹 실수를 저지르기도 합니다. 그래서 무슨 일을 시작하기 전에 다시 한 번 생각하는 시간을 가지려 노력합니다. 반면에 이런 성격은 제가 해야 할 일을 다른 사람들에 비해 더 빠르게 처리하거나 마감일 전에 일을 처리하는데 도움이 되기도 합니다.

Question 15
What is your major?
_전공이 무엇입니까?

Example 1

I majored in Aviation Tourism.

▶저는 항공관광을 전공했습니다.

Example 2

I majored in English and English literature.

▶저는 영어영문을 전공했습니다.

Example 3

My major is Tourism Management.

▶제 전공은 관광경영입니다.

Example 4

I double majored in Psychology and Sociology.

▶저는 심리학과 사회학을 복수전공했습니다.

Example 5

I majored in Architecture and minored in Business Administration.

▶저는 건축학을 전공하고 경영학을 부전공했습니다.

Question 16

Why did you choose this major?

_왜 이 전공을 선택했습니까?

현재 학생이거나 학교를 졸업한 지 얼마 되지 않은 지원자들은 사회 경험이 상대적으로 적기 때문에 학교 생활이나 전공에 관한 질문을 많이 한다. 전공이 승무원이라는 직업과 직접적으로 관련 없는 경우 억지로 연관시킬 필요는 없다. 다만, '부모님 혹은 선생님의 추천으로' 혹은 '앞으로 전망이 좋을 것이라 생각해서' 보다는 본인의 관심사나 적성, 흥미에 대해 이야기하는 것이 좋다.

Example 1

I majored in English and English literature. I have been very interested in foreign language and foreign culture. Also I wanted to broaden my perspective. So I naturally chose this major.

▶저는 영어영문학을 전공했습니다. 저는 외국어와 외국 문화에 매우 관심이 있었습니다. 또한 저의 시야를 넓히기를 원했습니다. 그래서 자연스럽게 이 전공을 선택했습니다.

Example 2

My major is Tourism Management. When I was in high school, I was very interested in traveling and foreign country. So I wanted to study more about those at university. It was the first step to make my dreams come true.

▶제 전공은 관광경영입니다. 고등학생 때 저는 여행과 외국에 관심이 많았습니다. 그 부분에 대해 대학교에서 더 공부해보고 싶었습니다. 그것은 제 꿈을 이루기 위한 첫 단계였습니다.

Question 17

What did you learn from your major?

_전공을 통해 무엇을 배우셨나요?

전공을 통해 배운 학문적인 지식 이외에도 학교 생활을 통해 배운 것들, 예를 들어 '다양한 사람들과 대화하는 방법', '남을 이해하는 방법', '팀워크' 등을 이야기할 수 있다. 가장 좋아했던 과목(favorite subject)을 통해 배운 것을 이야기하는 것도 좋은 방법이다.

Example 1

I majored in English and English Literature. I enjoyed studying English itself but meeting and talking with multi-national people made me much happier. It was wonderful time to learn efficient communication skill and understanding skill.

▶저는 영어영문학을 전공했습니다. 영어 그 자체를 공부하는 것도 좋아했지만 다양한 국적의 사람들과 만나고 이야기하는 것은 저를 더욱 행복하게 만들었습니다. 효과적인 대화 능력과 이해하는 능력을 배울 수 있었던 멋진 시간이었습니다.

Example 2

My major was Aviation Tourism. It was great chance to learn basic knowledge and service skills that flight attendant has to have. I took classes in image making, food and beverage service, English, Japanese and so on. From my major I could learn how to offer the best service to passengers.

▶제 전공은 항공관광입니다. 승무원이 갖추어야만 하는 기본적인 지식과 서비스 스킬을 배울 수 있었던 좋은 기회였습니다. 저는 이미지 메이킹, 식음료 서비스, 영어와 일본어 등의 수업을 들었습니다. 제 전공을 통해 승객들에게 최고의 서비스를 제공하는 방법을 배울 수 있었습니다.

Question 18

Why do you apply for this position even it's not related?

_전공과 관련이 없는데도 이 직업에 지원한 이유는 무엇입니까?

'교육학', '철학' 등 전공이 승무원과 관련이 없는 경우 받을 수 있는 질문이다. 이런 류의 질문에 답할 경우 명심할 것은 'Never complain'이다. 즉, 전공이 적성에 맞지 않았다거나 흥미를 느끼지 못했다거나 하는 등의 부정적인 이야기를 하는 것은 금물이다. '즐거웠다', '유익한 시간이었다' 등으로 이야기한 후 학교 생활이나 동아리, 자원봉사, 아르바이트 경험 등을 통해 본인의 적성과 흥미를 찾게 되었다고 이야기하는 편이 좋다.

Example 1

I liked my major and learned many things from it. But I want to have a job with many opportunities to meet various people because it meets my aptitude. Based on my outgoing personality, I'm sure I would be happier in service field.

▶저는 제 전공을 좋아했고 많은 것을 배울 수 있었습니다. 하지만 저는 다양한 사람들을 만날 수 있는 기회를 많이 가진 직업을 갖기를 원합니다. 왜냐하면 그것이 저의 적성에 맞기 때문입니다. 제 외향적인 성격을 고려해 봤을 때 제가 서비스 분야에서 근무할 때 더 행복할 것이라 확신합니다.

Example 2

I enjoyed studying my major but I felt something missing. I had many part time jobs in service field and I found my talent in it. I enjoyed meeting various people and it made me feel happy. I want to know more about service and I hope to improve myself in this position. That is why I apply for this position even it's not related.

▶제 전공 공부는 즐거웠으나 뭔가 부족하다고 생각했습니다. 저는 서비스 분야에서 다양한 아르바이트 경험을 했으며 그 안에서 제 재능을 발견했습니다. 저는 다양한 사람들을 만나는 것을 즐겼으며 그것은 또한 저를 행복하게 해 주었습니다. 서비스 분야에 대해 더 알고 싶고 이 직업에서 제가 성장하기를 희망합니다. 그것이 바로 제 전공과 관련은 없으나 이 직종에 지원한 이유입니다.

Question 19
Club activity
_동아리 활동

학생이거나 사회 경험이 많지 않은 지원자의 경우, 동아리 활동이나 봉사 활동에 관한 질문을 통해 지원자의 팀워크나 성격, 대인 관계 등을 알 수 있다. 구체적으로 무슨 활동을 하는 동아리였는지, 본인의 역할은 무엇이었는지, 그것을 통해 배운 점은 무엇이었는지 생각해둔다.

Example 1

I was a member of voluntary club. We taught children from under privileged homes every Saturday. We enjoyed being with them and they took us as their sisters and brothers. Especially, when I saw my students improve their academic abilities I felt rewarded.

▶저는 봉사 동아리의 멤버였습니다. 매주 토요일마다 저소득층 가정 아이들을 가르쳤습니다. 아이들과 있는 것이 아주 즐거웠고 그들도 저희를 언니나 오빠처럼 따랐습니다. 특히, 아이들의 학업능력이 향상되었을 때 보람을 느꼈습니다.

Example 2

I was a leader of voluntary club 'Love'. We visited orphanages once a month. We spent time with disabled children for about 3 hours a day. It was a meaningful time to learn the way to harmonize with others. Also it was a good chance to improve myself.

▶저는 '사랑'이라는 봉사 동아리의 리더였습니다. 저희는 한 달에 한 번 고아원을 방문했습니다. 거기서 하루 3시간 가량 장애 아동들과 시간을 보냈습니다. 다른 사람들과 조화를 이루는 법을 배울 수 있었던 의미 있는 시간이었고 또한 제 자신이 성장할 수 있었던 좋은 기회였습니다.

Example 3

I was a member of the English conversation club 'Free talking' and I was in charge of recruiting new members. In that club, we had to speak only in English. So it was good chance to improve my English skill. Even though I was not a leader, I could learn how to be a supportive member.

▶저는 'Free talking'이라는 영어 회화 동아리의 멤버였으며 제 임무는 신입 회원 모집이었습니다. 그 동아리에서는 영어로만 이야기해야 했습니다. 그래서 제 영어 실력을 향상시키는 데 좋은 기회가 되었습니다. 저는 동아리의 리더는 아니었으나, 도움이 되는 팀원이 되는 방법을 배울 수 있었습니다.

Question 20
Part time job
_아르바이트

TIP Club activity와 마찬가지로 이제 막 학교를 졸업했거나 아직 직장 경력이 없는 혹은 적은 지원자에게는 중요한 질문 중 하나이다. 다양한 아르바이트 경력이 도움이 되는 부분도 있지만 자칫 한 가지 일을 오랫동안 하지 못하는 성격으로 비칠 우려가 있다. 그러므로 아르바이트 경험을 모두 열거하기보다는 서비스 업종에서의 경험 한두 가지만 중점적으로 이야기하도록 한다. 무슨 일을 얼마 동안 했는지, 그 경험을 통해 배운 것은 무엇인지를 함께 언급하는 것도 좋다. 하지만 6개월 미만 정도로 짧게 근무한 경우 근무 기간을 밝히지 않는 편이 좋다.

Example 1

I used to work as a sales person at a department store. From this experience, I learned how to treat customers politely and how to meet their needs quickly. Also it was a good chance to find my aptitude in service field.

▶백화점에서 영업 사원으로 근무한 적이 있습니다. 이 경험을 통해, 손님들을 예의 바르게 대하고 신속하게 그들의 요구를 들어드리는 법을 배웠습니다. 또한 서비스 분야에서의 제 적성을 발견하게 된 좋은 기회였습니다.

Example 2

I've worked in a restaurant as a waitress more than 8 months. Through this experience I found myself enjoying working for customers. I got good feedback from my boss and customers because I provided personalized service by anticipating each customer's needs in advance.

▶저는 레스토랑에서 8개월 이상 근무했습니다. 이 경험을 통해 제 자신이 손님들을 위해 일하는 것을 즐긴다는 것을 알게 되었습니다. 저는 손님이 필요로 하시는 것을 미리 예상하여 먼저 해 드리는 맞춤 서비스를 제공함으로써 사장님과 손님들로부터 좋은 평가를 받았습니다.

Question 21

Why did you resign?

_사직 이유

TIP 현재 다른 직업을 가지고 있거나 직장 경험이 있는 지원자라면 꼭 생각해 보아야 하는 질문이다. 'Never complain' 즉, 적성에 맞지 않았다거나 근무 환경이 좋지 않아서 사직했다는 등의 부정적인 답변은 피하도록 한다. 이전 직장에 대해 '즐거웠다', '많은 것을 배울 수 있었다' 등의 긍정적 이야기를 한 후 본인의 지원 동기를 덧붙이도록 한다.

Example 1

I enjoyed previous job and it was wonderful time to learn many things. But I felt something missing. I'm active and outgoing. So I wanted to have a job with many opportunities to meet various people. That is why I resigned the company.

▶저는 제 일을 즐겼으며 많은 것을 배울 수 있는 유익한 시간이었습니다. 하지만 무엇인가 아쉬움이 있었습니다. 저는 활동적이고 외향적입니다. 그래서 다양한 사람들을 만날 수 있는 기회를 가진 직업을 원했습니다. 그것이 제가 사직하게 된 이유입니다.

Example 2

I liked my job and fully enjoyed it. But I have more interests in service related job. Through part time jobs and voluntary work experiences I learned how great it is to do something for others. I believe this job suits my aptitude and that is why I decided to resign.

▶저는 제 일을 좋아했으며 충분히 즐거웠습니다. 하지만 저는 서비스 관련된 직업에 더 관심을 가지고 있습니다. 아르바이트와 봉사 활동 경험을 통해 다른 사람들을 위해 무엇인가 한다는 것이 얼마나 멋진 일인지 알게 되었습니다. 이 직업이 제 적성에 적합하다고 믿으며 그것이 제가 사직을 결심하게 된 이유입니다.

Question 22
What did you do after you resigned?
_사직 후 무엇을 하셨습니까?

TIP 사직 후 승무원 준비만 했다고 대답하는 것은 충분치 않다. 승무원 준비와 더불어 여행, 외국어 공부, 체력 관리, 독서 등 다양한 방법으로 자기계발에 힘썼다고 대답하는 편이 좋다. 참고로 이 질문은 졸업 후 아직 직장 경력이 없는 지원자들이 받기 쉬운 질문 중 하나인 'What did you do after you graduated?'(졸업 후 무엇을 하셨습니까?)와 비슷한 내용의 대답이 가능하다.

Example 1

I spent a lot of time preparing for this job. First of all, to improve my English skill I took an English conversation course because I thought English skill would be very essential for this position. Also I traveled many places to broaden my perspective and to experience various airlines.

▶저는 이 직업을 준비하는데 많은 시간을 보냈습니다. 승무원에게 영어 실력은 매우 필수적이라고 생각해서 실력 향상을 위해 영어 회화 코스를 수강했습니다. 또한 견해를 넓히고 다양한 항공사를 경험해 보고자 많은 곳을 여행했습니다.

Example 2

I tried hard to be qualified for this position. I studied English and Japanese steadily which are very essential for flight attendant. And to keep healthy I went to fitness center almost every morning. Also I read many books and newspapers to be competent flight attendant.

▶저는 이 분야에 자격을 갖추고자 열심히 노력했습니다. 승무원에게 매우 필수적인 영어와 일본어를 꾸준히 공부했습니다. 그리고 체력을 유지하고자 거의 매일 아침 fitness center에 갔습니다. 또한 유능한 승무원이 되고자 많은 책과 신문을 읽었습니다.

Question 23

How do you keep your health?

_건강 관리

TIP 승무원이라는 직업은 불규칙한 스케줄과 이로 인한 불규칙한 식사, 높은 고도에서의 근무 등 체력적으로 힘든 직업이다. 체력이 뒷받침되지 않는다면 승무원 본인이 육체적으로 힘든 것은 물론 승객에게 좋은 서비스를 제공하기 힘들기 때문에 지원자가 건강한지, 체력 관리는 어떻게 하는지는 중요한 체크 사항이다. 본인의 건강 관리 비법을 이야기한 후 이 일을 해내기에 충분히 건강하다고 강조하는 것도 좋은 방법이다.

Example 1

I try to keep my health by going to a fitness center at least 5 times a week. Also I try to have much water, vegetable and fruit. So I'm strong enough to do my duty.

▶저는 건강을 유지하기 위해 일주일에 최소한 5번 fitness center에 갑니다. 또한 생수와 야채, 과일을 많이 섭취하려 노력합니다. 그래서 저는 제 임무를 해내기에 충분히 건강합니다.

Example 2

To keep my health I do small things steadily in daily life such as using the stairs instead of taking the elevator and drinking 2 cups of water right after waking up. Therefore I'm sure I'm healthier than anyone else.

▶저는 건강을 유지하기 위해 엘리베이터 대신 계단을 이용한다거나 일어나자마자 두 잔의 물을 마시는 등 일상 생활에서 작은 것들을 실천하고 있습니다. 따라서 저는 누구보다도 건강하다고 자신합니다.

Question 24
Hobby
_취미

취미생활을 통해서 지원자의 성격이나 관심분야, 대인 관계 등을 알 수 있다. 독서나 음악 감상과 같이 상투적이고 뻔한 대답은 피하도록 한다. 가급적이면 혼자 하는 취미생활보다는 사람들과 함께 할 수 있는 것으로 대답하도록 하자. 'What do you usually do in your free time?'(여가 시간에는 주로 무엇을 하십니까?)와 같은 대답이 가능하다.

Example 1

My hobby is visiting famous restaurants with my friends or family. I like to have delicious food with reasonable price. Also I like to take pictures of those tasty dishes and put those pictures in internet site to share information.

▶제 취미는 친구나 가족과 함께 유명한 음식점을 찾아 다니는 것입니다. 저는 합리적인 가격대의 맛있는 음식을 먹는 것을 좋아합니다. 또한 맛있게 먹었던 음식들을 사진 찍어서 인터넷 사이트에 올려 정보를 공유하는 것도 좋아합니다.

Example 1

I really enjoy going outside. So in my free time I usually visit historical places such as Gyeongbok Palace or Changdeok Palace with my friends. Also I enjoy having delicious food and taking pictures in there.

▶저는 밖에 나가는 것을 정말 좋아합니다. 그래서 여가 시간에는 주로 친구들과 함께 경복궁이나 창덕궁과 같은 역사적인 장소에 가곤 합니다. 또한 그곳에서 맛있는 음식을 먹고 사진 찍는 것도 좋아합니다.

Question 25

Have you ever been abroad?

_외국에 가 보신 적이 있으십니까?

외국에 갔던 경험 자체를 묻는 것이 아니므로 본인이 가 보았던 곳을 전부 열거할 필요는 없다. 가 보았던 곳 중에 가장 인상 깊었던 곳 중심으로 이야기를 하되 현지에서 받았던 좋은 인상이나 느낌, 에피소드를 덧붙이도록 한다. 기왕이면 현재 지원한 항공사를 이용해서 갔던 곳을 이야기하는 것이 좋다.

Example 1

I've been to Singapore with my mother for 5 days using Korean Air. I was deeply impressed by the clean street without any trash. Also I could enjoy various foods there. So if I have a chance, I would like to visit Singapore one more time.

▶대한항공을 이용해서 어머니와 함께 5일간 싱가포르를 여행한 적이 있습니다. 쓰레기가 전혀 없는 깨끗한 거리가 매우 인상적이었습니다. 또한 거기에서 다양한 음식을 맛볼 수 있었습니다. 그래서 기회가 된다면 다시 한 번 싱가포르를 방문하고 싶습니다.

Example 2

Last summer, I went backpacking in Europe. The most impressive city was Paris. I visited the Eiffel tower and the Louvre. I would never forget those masterpieces in the Louvre. Especially the 'Mona Lisa' which is the most famous painting of Leonardo Da Vinci was very impressive.

▶지난 여름 유럽으로 배낭 여행을 갔었습니다. 가장 인상적이었던 도시는 파리였습니다. 그곳에서 에펠 탑과 루브르 박물관을 방문했습니다. 루브르 박물관에 있던 명작들을 저는 절대 잊지 못할 것입니다. 특히 레오나르도 다 빈치의 '모나리자'는 아주 인상적이었습니다.

Example 3

I'm afraid I haven't. But I do hope to go to Saipan because I'm very interested in water sports such as water-skiing, windsurfing and scuba diving.

▶아직은 없습니다만 사이판을 꼭 가보고 싶습니다. 왜냐하면 저는 수상 스키나 윈드 서핑, 스쿠버 다이빙과 같은 수상 스포츠에 매우 관심이 있기 때문입니다.

Question 26
What have you done so far since you got up this morning?
_오늘 아침부터 지금까지 무엇을 하셨습니까?

별 의미가 없어 보이지만 의외로 자주 물어보는 질문이니 꼭 준비하도록 한다. 특히 여성 지원자의 경우 면접 당일 날 미용실에서 make up이나 머리 손질을 받았다고 하는 경우가 있는데 그런 대답이 마이너스로 작용하지는 않겠지만 전혀 득이 될 것도 없는 대답이다. 아침을 먹은 후 가벼운 운동을 했다거나 신문, 뉴스를 본 것 위주로 대답하면 된다. 면접 장소에 일찍 도착해서 최종 점검을 하며 마음의 준비를 했다는 이야기를 덧붙여도 좋다.

Example 1

I got up 6 o'clock this morning. After stretching, I had breakfast with my family. It took about 1 hour to get here by subway. I arrived here 1 hour ago and before I came in, I reviewed my note.

▶저는 오늘 아침 6시쯤 일어났습니다. 스트레칭을 한 후 식구들과 아침을 먹었습니다. 지하철을 이용해서 이곳에 오는데 약 1시간 정도 소요되었습니다. 저는 1시간 전쯤 도착했고 들어오기 전 노트를 다시 한 번 읽어봤습니다.

Example 2

In the morning I searched on the internet to check my e-mail, weather and articles as usual. After having breakfast, I left home and arrived here 1 hour ago. While waiting, I had a cup of hot tea to calm down.

▶평소처럼 인터넷으로 제 이메일과 날씨, 기사들을 검색했습니다. 아침을 먹은 후 집을 출발하여 이곳에 1시간 전에 도착했습니다. 기다리면서 긴장을 풀고자 뜨거운 차를 한 잔 마셨습니다.

Question 27
The most important qualification as a flight attendant
_승무원에게 가장 중요한 자질

승무원이 갖추어야 하는 자질은 서비스 마인드, 건강, 외국어 실력 등 여러 가지이다. 가장 중요하다고 생각하는 자질을 이야기한 후 왜 가장 중요하다고 생각하는지, 또는 그런 자질을 갖추기 위해 어떤 노력을 하고 있는지 대답하도록 하자.

Example 1

I think service mind is the most important qualification working as a flight attendant. I found my talent for service field through lots of part time experiences in my school days. So I'm sure I'm qualified for this position.

▶승무원으로 일하는데 가장 중요한 자질은 서비스 마인드라고 생각합니다. 저는 학창 시절에 했던 많은 아르바이트 경험을 통해 서비스 분야에서 제 재능을 발견했습니다. 그래서 저는 제 자신이 이 직업에 적합하다고 생각합니다.

Example 2

Health is the most important qualification because this job is physically hard due to irregular schedule. So I try to exercise regularly and to have balanced food to keep healthy.

▶건강이 가장 중요한 자질이라고 생각합니다. 왜냐하면 이 직업은 불규칙한 스케줄로 인해 육체적으로 힘들기 때문입니다. 그래서 저는 건강을 유지하기 위해 규칙적으로 운동하고 균형 잡힌 음식을 먹으려 노력합니다.

Question 28
Service mind
_서비스 마인드

승무원 면접 중 가장 자주 사용하는 단어 중 하나가 바로 '서비스 마인드'일 것이다. 서비스 마인드가 승무원에게 요구되는 중요한 자질 중 하나이기 때문이다. 하지만 정작 '서비스 마인드' 혹은 '좋은 서비스'에 대해 깊이 생각해 봤거나 확실하게 정의를 내릴 수 있는 사람은 그다지 많지 않다. '서비스 마인드'의 정의에 대해서는 한국어와 영어 모두 확실히 준비해 두도록 하자.

Example 1

Service mind is to anticipate what customers need and to offer before they ask for. So I try to put myself in their situation to catch what they need quickly.

▶서비스 마인드는 고객들이 무엇을 원하시는지 예상하고 그들이 요구하기 전에 제공하는 것입니다. 그래서 저는 고객이 무엇을 원하시는지 빠르게 알아차리기 위해 그들의 입장에서 생각하고자 노력합니다.

Example 2

Service mind is to treat customer politely with respect as my parents. By checking customer's gesture and facial expression carefully, I can offer the best service to customer, I think.

▶서비스 마인드는 나의 부모님을 대하듯 존경하는 마음을 가지고 고객을 예의 바르게 대하는 것입니다. 손님의 제스처나 표정을 주의 깊게 살핌으로써 최고의 서비스를 제공할 수 있다고 생각합니다.

Question 29

What did you do last weekend?

_지난 주말에 무엇을 하셨습니까?

언뜻 별다른 의미가 없어 보이지만 이 질문을 통해 지원자의 성격이나 인간관계 등을 알 수 있다. '특별히 한 것 없이 집에 있었다', '집에서 면접 준비를 했다'는 대답보다는 친구들이나 가족들과 무엇인가를 했다고 하는 것이 외향적이고 활동적인 이미지를 주는데 도움이 된다.

Example 1

Last Saturday I met my classmates in high school. It was an ideal weather for a picnic so we went to the Seonyudo Park. We had delicious sandwiches and fruits for lunch and took pictures.

▶저는 지난 토요일에 고등학교 동창들을 만났습니다. 소풍 가기에 좋은 날씨여서 저희는 선유도 공원에 갔습니다. 점심으로 맛있는 샌드위치와 과일을 먹고 사진도 찍었습니다.

Example 2

I went mountain climbing with my family. We usually go nearby mountain climbing on Sunday morning. It was nice to breathe the fresh air and to enjoy the scenery while walking. It was also nice to talk about our daily life.

▶저는 가족들과 등산을 갔습니다. 보통 저희 가족은 일요일 아침 근처 산을 오릅니다. 걸으면서 맑은 공기를 마시고 경치를 감상해서 좋았습니다. 우리의 일상 생활에 대해 이야기하는 것 역시 좋았습니다.

Question 30

What will you do after this interview?

_인터뷰 후에 무엇을 할 예정입니까?

'What did you do last weekend?'와 마찬가지로 그냥 던지는 질문 같아 보이지만 지원자의 인간 관계나 성향 등을 알아보기 위한 질문이라고 생각하면 된다. 친구나 가족들과 약속이 있다고 하는 정도로 가볍게 이야기하면 좋다.

Example 1

I have an appointment with my friends in Sinchon. They are very interested in this interview. So we will talk about today's interview having delicious Chinese food.

▶신촌에서 친구들과 약속이 있습니다. 제 친구들은 이 인터뷰에 대해 굉장히 관심을 가지고 있습니다. 그래서 저희는 맛있는 중국 음식을 먹으면서 오늘 인터뷰에 대해 이야기할 것입니다.

Example 2

I will have dinner with my family. My mother will cook tasty food for me. After talking about this interview I would like to take a hot shower and get enough rest.

▶식구들과 저녁 식사를 할 예정입니다. 어머니께서 저를 위해 맛있는 음식을 해 주실 것입니다. 이 인터뷰에 대해 이야기한 후 뜨거운 물에 샤워를 하고 충분히 휴식을 취하고 싶습니다.

Question 31
Special ability
_특기

특기라고 해서 정말로 뭔가 대단한 '특별한 기술'을 이야기할 필요는 없다. 운동이나 요리, 외국어, 악기 연주 등 남들에 비해 조금 더 잘할 수 있는 것을 이야기하면 된다. '운동', '요리'라고 통틀어서 이야기하지 말고 그 중에서도 특별히 잘하는 것을 구체적으로 이야기하도록 하자.

Example 1

I'm good at cooking. So people call me 'cook'. Especially I'm very good at spaghetti. I love to invite my friends to home and cook for them rather than eat out.

▶저는 요리를 잘합니다. 그래서 사람들은 저를 '요리사'라고 부릅니다. 특히 저는 스파게티를 잘 만듭니다. 밖에서 먹는 것보다 친구들을 집으로 초대해서 요리해주는 것을 좋아합니다.

Example 2

I'm good at Chinese. I majored in Chinese and studied it in China for 1 year. I have confidence in writing and speaking Chinese which may prove useful when I treat Chinese passengers.

▶저는 중국어를 잘합니다. 중국어를 전공했고 1년간 중국에서 공부했습니다. 중국어를 쓰고 말하는 것에 자신이 있으며 이는 중국 승객들을 대할 때 유용하게 쓰일 것으로 생각합니다.

Question 32
When do you feel happy?
_언제 행복을 느끼십니까?

어쩌다 한 번 일어날법한 대단한 일을 이야기하기보다는 다소 사소해 보이는 혹은 자주 일어날 수 있는 일들을 이야기하는 편이 좋다. 긍정적이고 작은 일에도 행복을 느끼는 사람으로 보일 것이다.

Example 1

I feel happy with small things. When I give or get handwritten letters, not E-mail, I feel happy. Also I feel happy when I get text message from my parents.

▶저는 작은 일들에 행복을 느낍니다. E-mail이 아닌 손으로 쓴 편지를 주거나 받을 때 저는 행복을 느낍니다. 또한 부모님으로부터 문자 메시지를 받을 때 저는 행복을 느낍니다.

Example 2

I feel happy easily. For example, whenever I go for a picnic with friends or family on a clear day I feel happy.

▶저는 쉽게 행복을 느낍니다. 예를 들어, 맑은 날 친구나 가족들과 함께 소풍을

갈 때마다 저는 행복을 느낍니다.

Example 3

I love my mother a lot and she likes 'kimchijjigae' that I cook for her. So whenever I eat 'kimchijjigae' with my mother I feel happy.

▶저는 어머니를 굉장히 사랑하고, 어머니는 제가 해드린 김치찌개를 좋아하십니다. 그래서 어머니와 함께 김치찌개를 먹을 때마다 저는 행복하다고 느낍니다.

Question 33

When do you get angry?

_언제 화가 나십니까?

사소한 것보다는 누구나 화가 날법한 상황을 이야기하는 것이 좋다. 사소한 것을 대답하면 자칫 신경질적이거나 예민한 사람으로 비춰질 우려가 있기 때문이다. 또한 부정적인 질문에 답할 때는 표현에 주의를 기울여야 한다. 직접적으로 '~get angry'라고 이야기하기보다는 '~don't feel good', '~not happy' 정도로 표현을 바꾸어 대답하도록 한다.

Example 1

I love children a lot and I believe they should be loved and protected. So whenever I hear the news about sexual abuse against children, I don't feel good.

▶저는 어린이를 아주 좋아하며 그들은 사랑 받고 보호받아야 한다고 생각합니다. 그래서 어린이 성폭력에 관한 뉴스를 접할 때마다 저는 기분이 좋지 않습니다.

Example 2

I don' feel good with someone who smokes in public places. Smoking is injurious to his or her own health, of course, and I think they should care about hazard of second-hand smoking.

▶저는 공공장소에서 담배를 피우는 사람을 보면 기분이 좋지 않습니다. 흡연은 그들 자신의 건강에 해로운 것은 물론이고 저는 그들이 간접흡연의 위험성에 대해 관심을 가져야 한다고 생각합니다.

Question 34

Family
_가족

TIP 가족과 관련하여 받는 질문은 크게 두 가지이다. 하나는 'How many members are there in your family?'이고 다른 하나는 'Please tell me about your family.'이다. 첫 번째 질문에는 '전부 몇 명이고 구성원은 누구 누구이다' 하는 식으로 간단히 대답하면 된다. 두 번째 질문을 받았을 경우에는 첫 번째 질문에 답한 것과 마찬가지로 가족 구성원을 간단히 설명한 후 가훈(family motto)이라든가 가족 내 분위기 등을 덧붙인다. 5명 이상 대가족인 경우 각 구성원에 대해 일일이 설명하다 보면 너무 길어질 우려가 있다는 점을 참고하자.

Example 1

There are 4 in my family including my parents, older sister and me. Even though we don't have enough time to talk about our daily life in weekdays, we try to have dinner together on Saturdays. I do enjoy talking with my family.

▶우리 가족은 부모님, 언니, 저를 포함하여 모두 4명입니다. 비록 주 중에는 일상생활에 대해 대화할 시간이 충분치 않습니다만 매주 토요일마다 함께 저녁을 먹으려 노력합니다. 제 가족과 이야기하는 것은 정말 즐겁습니다.

Example 2

There are 5 in my family including my parents, older sister, younger brother and me. My family motto is 'Honesty'. My father always places an emphasis on the importance of honesty. Also he says that telling a lie is worse than making a mistake.

▶우리 가족은 부모님, 언니, 남동생, 저를 포함하여 모두 5명입니다. 우리 집 가훈은 '정직'입니다. 아버지께서는 언제나 정직의 중요성을 강조하십니다. 또한, 실수하는 것보다 거짓말하는 것이 더 나쁘다고 이야기하십니다.

Example 3

My family motto is 'Never be afraid of start'. This means we should have challenging attitude in everything. Regretting what we didn't even try is worse than failure, we believe.

▶우리 집 가훈은 '시작을 두려워하지 말자'입니다. 이것은 매사에 도전 정신을 갖자는 의미입니다. 시도도 해보지 않은 것으로 인한 후회는 실패하는 것보다 나쁘다고 생각합니다.

Question 35
Nickname
_별명

별명을 통해 주변 사람들이 지원자를 어떻게 생각하는지 알 수 있다. 재미있는 대답으로 딱딱한 면접 분위기를 바꿔보는 것도 좋다

Example 1

My nickname is 'Mom'. I love babies and children a lot and like to look after them. And when I'm with them I forget all about the time. So people call me 'Mom'.

▶제 별명은 '엄마'입니다. 저는 아기와 어린이들을 사랑하고 그들을 보살피는 것을 좋아합니다. 그리고 그들과 있을 때는 시간가는 줄도 모릅니다. 그래서 사람들은 저를 '엄마'라고 부릅니다.

Example 2

My nickname is 'Cook' because I'm good at cooking, especially Korean food. I like to invite my friends to my home and cook for them rather than eat out.

▶제 별명은 '요리사'입니다. 왜냐하면 제가 요리, 특히 한국 음식을 잘하기 때문입니다. 저는 밖에서 먹는 것보다 친구들을 집으로 초대해 요리를 대접해주는 것을 좋아합니다.

Example 3

My nickname is 'Pig'. As you can guess, it's because I eat well and sleep well. Especially I pig out on dumpling.

▶제 별명은 '돼지'입니다. 짐작하시겠지만 잘 먹고 잘 자기 때문입니다. 특히 저는 만두를 굉장히 좋아합니다(잘 먹습니다).

Question 36
What kinds of people do you hate to work with?
_어떤 사람과 일하기 싫으십니까?

TIP 요즘 면접 경향 중 하나가 '부정적인 질문'이다. 즉, 지원자의 '장점'보다는 '단점'을 더 자주 물어보고 이 회사의 '좋은 점'보다는 '개선할 점'을 더 자주 물어본다는 뜻이다. 이러한 부정적인 질문에 대답할 때는 내용도 중요하지만 표현하는 방법 또한 주의를 기울여야 한다. 직접적으로 'I hate to work with~' 보다는 'I don' like to work with~'나 'I'd like to avoid working with~' 정도로 부드럽게 돌려서 이야기하도록 하자.

Example 1

I don't like to work with a lazy person. When we work as a team, each employee has an assigned duty that they have to do. A lazy person would not be helpful for the harmony of the team and efficiency of the work, I think. That is why I don't like to work with a lazy person.

▶저는 게으른 사람과 일하는 것을 좋아하지는 않습니다. 팀으로 일할 때 각각의 직원들은 자신이 해야 하는 임무가 있게 마련입니다. 게으른 사람은 팀의 조화나 일의 능률 면에서 그다지 도움이 되지 않을 것 같습니다. 그래서 저는 게으른 사람과 일하는 것을 좋아하지는 않습니다.

Example 2

I can mix with others very well. But if possible, I'd like to avoid working with a selfish person. For better teamwork it's very important to care about team members, I believe. So I'd like to avoid working with a selfish person.

▶저는 다른 사람들과 잘 어울릴 수 있습니다. 하지만 가능하다면, 이기적인 사람과 일하는 것은 피하고 싶습니다. 더 나은 팀워크를 위해 팀의 다른 구성원들을 배려하는 것은 아주 중요하다고 믿기 때문입니다. 그래서 저는 이기적인 사람과 일하는 것은 피하고 싶습니다.

Question 37
Favorite movie
_인상 깊게 봤던 영화

TIP 본인이 가장 인상 깊게 봤던 영화를 이야기하되 지나치게 코믹하거나 잔인한 영화는 배제하도록 한다. 인상 깊었던 장면이나 대사를 이야기하거나 영화를 보면서 무엇을 느끼게 되었는지 위주로 대답한다. 한국 영화인 경우 한국어 제목을 밝히고 'Which is~', 'Which means~' 등의 표현을 사용해 제목을 영어로 바꾸어 설명하는 것이 좋다.

Example 1

My favorite movie is 'Titanic'. I watched this movie more than 3 times. Especially I was deeply impressed by musicians who played for others when the ship was sinking.

▶제가 가장 인상 깊게 봤던 영화는 'Titanic' 입니다. 저는 이 영화를 3번 이상 봤습니다. 배가 가라앉고 있을 때 다른 사람들을 위해 음악을 연주했던 연주자들에게서 깊은 감동을 받았습니다.

Example 2

My favorite movie is 'Life is beautiful' starring Roberto Benigni. He is also a director of the movie. From this movie I felt how much every parents love us. Also I realized that everything depends on what we could imagine and having a positive mind.

▶제가 가장 인상 깊게 봤던 영화는 로베르토 베니니 주연의 '인생은 아름다워' 입니다. 그는 이 영화의 감독이기도 합니다. 이 영화를 통해 모든 부모님들이 우리를 얼마나 사랑하시는지 느낄 수 있었습니다. 또한 모든 것은 우리의 생각과 긍정적인 마인드에 의해 좌우된다는 것을 깨달았습니다.

Question 38
Favorite book
_인상 깊게 읽은 책

'Favorite movie'와 마찬가지로 너무 가볍거나 잔인한 내용은 제외하도록 한다. 인상 깊었던 내용이나 구절, 혹은 이 책을 통해 무엇을 배우게 되었는지 이야기한다. '~Written by' 즉, 저자가 누구인지도 함께 밝히도록 한다.

Example 1

My favorite book is 'Wine selection' written by Park Chan-Il. He is a famous chef and a writer. But in this book he talks about various issues such as global warming, drought not just as a wine lover but as a wine lover who worries about environment.

▶제가 가장 인상 깊게 읽은 책은 박찬일 씨의 'Wine selection' 입니다. 그는 유명한 요리사이자 작가입니다. 하지만 이 책에서 그는 단지 와인 애호가 입장에서가 아니라 환경을 생각하는 와인 애호가 입장에서 지구 온난화나 가뭄에 관한 다양한 이야기를 하고 있습니다.

Example **2**

My favorite book is 'The Secret' written by Rhonda Byrne. From this book I learned how to use 'The Secret' in every single area of my life. Also I began to understand the hidden power within me.

▶제가 가장 인상 깊게 읽은 책은 '론다 번'의 'The Secret'입니다. 이 책을 통해 제 인생 곳곳에 있는 비밀을 어떻게 이용할 것인지 배우게 되었습니다. 또한 제 안에 숨겨져 있는 능력을 이해하기 시작했습니다.

Question 39

Do you believe you are qualified for this position?

_본인이 승무원이 되기에 필요한 자격을 갖추었다고 생각합니까?

승무원이 되기에 필요한 자질 즉, 성격이나 경험, 외국어 실력 등을 이야기한 후 어떤 이유에서 스스로 자격을 갖추었다고 생각하는지 덧붙인다.

Example 1

I believe flight attendant should be healthy, kind and patient. Based on my physical strength, personality and working experience in service field I'm sure I'm qualified for this position.

▶승무원은 건강하고 친절하며 인내심을 가져야 한다고 생각합니다. 저의 체력과 성격 그리고 서비스 분야에서의 업무 경험을 바탕으로 제가 이 직업에 자격을 갖추었다고 확신합니다.

Example 2

A flight attendant should mix well with anyone. Also I think he/she should enjoy meeting various people. Based on my outgoing and active personality, I think I'm the one you are looking for.

▶승무원은 누구와도 잘 어울릴 수 있어야 합니다. 또한 다양한 사람들을 만나는 것을 즐겨야 한다고 생각합니다. 저의 밝고 활발한 성격을 바탕으로 제가 귀사가 찾는 사람이라고 생각합니다.

Question 40
Best friend
_가장 친한 친구

가장 친한 친구의 이름을 밝힌 뒤 언제부터 알고 지냈는지, 혹은 얼마 동안 친구로 지내고 있는지 이야기한다. 친구의 직업이나 성격, 칭찬을 하는 것으로 간단히 마무리 지을 수 있다.

Example 1

My best friend's name is Jin-Kyung Koo. We have known each other since high school. She is outgoing, active and humorous. That is why she is always surrounded by people. We have a chat almost every day by phone and meet more than 2 times a week.

▶가장 친한 친구의 이름은 구진경입니다. 저희는 고등학교 때부터 알고 지낸 사이입니다. 그녀는 외향적이고 활발하며 유머러스합니다. 그것이 바로 그녀 주위에 사람들이 많은 이유입니다. 저희는 거의 매일 전화로 이야기를 나누며 일주일에 두 번 이상 만납니다.

Example 2

My best friend is Eun-Kyung Lee. We have known each other for 10 years. She always speaks quietly and is good at listening. So people trust and like to talk with her. I also trust her deeply and would like to maintain a lifelong friendship with her.

▶저의 가장 친한 친구는 이은경입니다. 저희는 10년 동안 알고 지냈습니다. 그녀는 언제나 조용히 말하며 남의 이야기를 잘 들어줍니다. 그래서 사람들은 그녀를 신뢰하고 함께 이야기하는 것을 좋아합니다. 저 역시 그녀를 깊게 신뢰하며 우정을 평생토록 지속하고 싶습니다.

Question 41
Would you like to say anything?
_마지막으로 하고 싶은 말이 있습니까?

TIP 면접을 종료하면서 마지막으로 하고 싶은 말이나 질문이 있는지 물어보는 경우가 많다. 마지막으로 주어진 기회라고 생각하고 기회를 꼭 잡아야 한다. 면접 중 만족할 만한 대답을 못했거나 확실한 인상을 심어주지 못했다고 생각되는 경우에는 더더욱 그러하다. 긴장해서 제대로 대답하지 못했던 질문에 대해 양해를 구한 후 다시 대답을 한다거나 입사 후 포부, 짤막한 감사인사 정도를 이야기하도록 한다.

Example 1

I appreciate your hospitality and I really enjoyed meeting with you. I'm ready to be the best flight attendant in Korean Air. Also I'm confident that I could make a significant contribution in this company.

▶따뜻하게 대해주셔서 감사 드리며 만나 뵙게 되어 정말 즐거웠습니다. 저는 이곳 대한항공의 최고의 승무원이 될 준비가 되어 있습니다. 또한 제가 이 회사에서 큰 기여를 할 수 있을 것이라고 확신합니다.

Example 2

Thank you very much for giving me a chance for this interview. Today I'm here to be the best flight attendant for Asiana Airlines. I hope you give me a chance to make my dreams come true.

▶인터뷰 기회를 주셔서 대단히 감사합니다. 오늘 저는 아시아나 항공의 최고의 승무원이 되고자 이곳에 왔습니다. 저에게 꿈을 이룰 기회를 주시기를 희망합니다.

Question 42
Habit
_습관

습관, 혹은 버릇이라고 이야기할 수 있는 것은 다양할 것이다. 하지만 '앉을 때 다리를 꼬고 앉는다', '손톱을 물어 뜯는다'와 같이 별다른 의미가 없는 습관보다는 '뉴스를 꼭 본다', '메모를 한다'와 같이 생산적인 혹은 긍정적인 의미를 가지고 있는 습관을 이야기하는 편이 좋다.

Example 1

Every morning I search on the internet. I usually check my E-mail, articles and weather. It takes about 30 minutes and without this, I feel something is missing.

▶매일 아침 저는 인터넷을 검색합니다. 저는 주로 E-mail과 기사, 날씨를 체크합니다. 약 30분 정도가 소요되며 이렇게 하지 않으면 뭔가 허전함을 느낍니다.

Example 2

In the morning, right after waking up I turn on the TV. While watching the news I have a cup of coffee. It's my own way to start the day.

▶저는 아침에 일어나자 마자 TV를 켭니다. 그리고 뉴스를 보면서 커피를 마십니

다. 그것이 하루를 시작하는 저만의 방법입니다.

Example 3

Writing a diary is my major habit. I put aside 10 minutes everyday to write a diary. I write about what happened each day. I kept a diary for over 10 years.

▶일기를 쓰는 것이 제 주된 습관입니다. 저는 매일 10분씩 일기 쓰는 시간으로 비워둡니다. 그날 무슨 일이 일어났는지 적어두며 10년 이상 일기를 써오고 있습니다.

Question 43
When do you get stressed?
_당신은 언제 스트레스를 받습니까?

스트레스를 전혀 받지 않고 사는 사람은 없겠지만 긍정적이고 낙천적인 사람이라면 조금 덜 받을 것이다. 지나치게 사소한 일에 스트레스를 받는다는 인상을 주지 않도록 주의하자.

Example 1

I don't get stressed easily. But when I have to deal with many things in a short period of time, I get stressed because I'm rather perfectionist. To be less stressful I try to admit it is not always possible to be perfect in everything.

▶저는 쉽게 스트레스를 받는 편은 아닙니다. 하지만 제가 다소 완벽주의자인 관계로 짧은 시간에 많은 일을 해야 할 때는 스트레스를 받습니다. 하지만 저는 스트레스를 덜 받기 위해 매사에 완벽할 수는 없다는 것을 인정하려 합니다.

Example 2

I'm rather indecisive. So sometimes I get a bit stressed because it takes much time when I make a decision. But I try to think positively that I respect various opinions and point of views.

▶저는 다소 우유부단합니다. 그래서 결정을 내릴 때 시간이 많이 걸리고 그로 인해 약간은 스트레스를 받기도 합니다. 하지만 제 자신이 다양한 의견과 견해를 존중하기 때문이라는 긍정적인 방향으로 생각하려고 노력합니다.

Question 44

How do you manage stress?

_스트레스 관리법은?

승무원은 육체적으로는 물론 정신적으로도 힘든 직업이다. 다양한 배경, 국적, 성격을 가진 승객을 항상 웃는 얼굴로 대해야 하고 또한 다양한 동료들과 일해야 하기 때문이다. 스트레스를 쉽게 받는 편이 아니라고 밝힌 후 본인의 스트레스 해소법을 구체적으로 이야기한다.

Example 1

I don't get stressed easily. But when I get stressed, I listen to classical music. It helps me a lot to calm down.

▶저는 쉽게 스트레스를 받지는 않습니다만 스트레스를 받으면 클래식 음악을 듣습니다. 클래식 음악은 마음을 가라앉히는데 크게 도움이 됩니다.

Example 2

To get rid of stress I play squash until I'm soaked with sweat and take a shower. It helps a lot to relax.

▶저는 스트레스를 해소하기 위해 땀으로 흠뻑 젖을 때까지 스쿼시를 하고 샤워를 합니다. 마음을 가라앉히는데 굉장히 도움이 됩니다.

Example 3

I don't get stressed easily. But when I get stressed I eat spicy food such as '떡볶이'. Also having a chat with friend is very helpful to relieve stress.

▶저는 쉽게 스트레스를 받지 않습니다. 하지만 스트레스를 받았을 때는 떡볶이와 같은 매운 음식을 먹습니다. 또한 친구와 수다를 떠는 것도 스트레스 해소에 매우 도움이 됩니다.

Question 45

The most undesirable attitude as a flight attendant

_승무원으로서 가장 바람직하지 못한 자세

TIP 승무원으로서 바람직하지 못한 자세는 여러 가지가 있을 것이다. 서비스 마인드가 부족한 것은 두말 할 것도 없고 안전에 대한 불감증, 다양한 문화나 상황에 대해 편견을 갖는 것, 팀워크에 저해가 되는 이기적인 자세 등이 있다. 어떤 자세가 가장 바람직하지 않는지를 업무와 관련시켜 설명하도록 한다.

Example 1

I think the most undesirable attitude as a flight attendant is to judge people by the way they look. Because flight attendant treats passengers with various nationalities, cultures and backgrounds.

▶승무원으로서 가장 바람직하지 못한 자세는 사람들을 겉모습으로 판단하는 것이라고 생각합니다. 왜냐하면 승무원은 다양한 국적과 문화, 배경을 가진 승객들을 대하기 때문입니다.

Example 2

A flight attendant should not be selfish, I think. For better teamwork and harmony they should care about other team members. That's why I think selfish attitude would be the most undesirable attitude as a flight attendant.

▶승무원은 이기적이어서는 안됩니다. 더 나은 팀워크와 조화를 위해 그들은 다른 팀원들을 배려해야 합니다. 그래서 이기적인 자세가 승무원으로서 가장 바람직하지 못하다고 생각합니다.

Question 46

Who do you respect the most?

_가장 존경하는 인물은?

부모님을 가장 존경한다고 대답하는 지원자가 많은데 간혹 '부모님을 제외하고 가장 존경하는 인물은?'이라는 질문을 하기도 한다는 점을 염두에 두도록 하자. 또한 면접관도 개인적인 성향을 가지고 있다는 점을 고려하여 정치인이나 종교인을 이야기할 때는 각별히 주의를 기울이도록 한다.

Example 1

I respect Han Bi-Ya the most. She is a celebrated travel writer and a relief worker. I respect her endless love and devotion to poor children. Also I was deeply impressed by her passion and enthusiasm for life.

▶저는 한비야 씨를 가장 존경합니다. 그녀는 유명한 여행 작가이며 구호 단체 대원입니다. 저는 불쌍한 어린이들을 향한 그녀의 끝없는 사랑과 헌신을 존경합니다. 또한 삶에 대한 그녀의 열정과 열의에 깊이 감동했습니다.

Example 2

I respect Hillary Clinton the most and she is my role model. She pursues her career life with definite goals and vision. Like her, I'd like to be an independent and competent person.

▶저는 힐러리 클린턴을 가장 존경하며 그녀는 저의 역할 모델입니다. 그녀는 뚜렷한 목표와 미래상을 가지고 인생을 개척해 나가고 있습니다. 그녀처럼 저도 독립적이며 유능한 사람이 되고 싶습니다.

Question 47

How long would you like to work for us?

_얼마나 오랫동안 근무하고 싶습니까?

'평생'이라는 대답은 현실적이지 않을 뿐더러 성의도 없어 보일 수 있다. 그렇다고 해서 '10년', '20년'처럼 구체적인 햇수를 원하는 질문도 아니다. 입사 후 계획이나 포부를 밝힌 후 그러한 꿈들을 이룰 때까지 근무하고 싶다는 식으로 대답하면 된다.

Example 1

I'd like to work for Korean Air until I become one of the best flight attendant so I could be a good role model to others.

▶최고의 승무원이 되어 다른 사람들에게 좋은 역할 모델이 될 때까지 대한항공에서 근무하고 싶습니다.

Example 2

I'd like to work as long as I feel I'm needed in Asiana Airlines.

▶제가 아시아나 항공에서 필요한 사람이라고 여겨지는 한 근무하고 싶습니다.

Example 3

I'd like to work for Korean Air until I could be here as an interviewer like you.

▶지금의 면접관님처럼 이 자리에 면접관으로 있을 수 있을 때까지 대한항공에서 근무하고 싶습니다.

Question 48
Ambition
_포부

TIP 입사 후 계획이나 포부를 밝히면 된다. '맡은 일에 최선을 다하겠다', '훌륭한 승무원이 되고 싶다'와 같은 상투적인 대답보다는 승무원, 혹은 Service Person으로써 이루고자 하는 포부를 구체적으로 이야기하도록 한다. 'How long would you like to work for us?'와 비슷한 내용의 대답이 가능하다.

Example 1

I'd like to be one of the best flight attendant so that I could be a good role model to others.

▶최고의 승무원이 되어 다른 사람들에게 좋은 역할 모델이 되고 싶습니다.

Example 2

After being a competent and respectable senior crew, I'd like to be here as an interviewer like you.

▶유능하고 존경 받는 선배 승무원이 된 후 이 자리에 면접관으로 있고 싶습니다.

Example 3

As an expert in this field, I hope to be recognized from this company. And if possible, I'd like to be a service instructor.

▶이 분야의 전문가로 회사로부터 인정을 받고 싶습니다. 그리고 가능하다면 서비스 교관이 되고 싶습니다.

Question 49

Favorite sports
_가장 좋아하는 스포츠

Badminton, Squash와 같이 본인이 직접 할 수 있는 스포츠라면, 어디서 혹은 얼마나 자주 운동하는지 밝히도록 하자. Professional soccer, Professional baseball과 같은 경우라면 좋아하는 팀이나 선수를 구체적으로 언급하는 것도 좋다.

Example 1

I like to watch professional baseball game. Especially I'm a big fan of OO and I like OOO the most.

▶저는 프로 야구 보는 것을 좋아합니다. 특히 저는 OO의 열렬한 팬이며 OOO 선수를 가장 좋아합니다.

Example 2

I started squash when I was in college so I have been enjoyed it for 3 years. At least 2 times a week I play squash. It is very helpful to relieve stress and to keep healthy.

▶저는 대학교 때 스쿼시를 시작해서 3년째 해오고 있습니다. 일주일에 최소 2번은 스쿼시를 치고 있습니다. 스트레스 해소와 건강 유지에 매우 도움이 됩니다.

Question 50
If you fail this time, what would you do?
_이번에 떨어진다면 어떻게 하시겠습니까?

떨어진다면 슬프거나 실망할 것은 당연하다. 중요한 것은, 금방 극복하고 실패의 원인을 분석한 후 재도전하는 긍정적이고 적극적인 자세일 것이다.

Example 1

If I fail, I would be a bit sad because I spent a lot of time for this interview. But I'm sure I could overcome soon and challenge again.

▶만약 떨어진다면 조금은 슬플 것 같습니다. 왜냐하면 저는 이 인터뷰를 위해 많은 시간을 투자했기 때문입니다. 하지만 금방 극복하고 다시 도전할 것이라 확신합니다.

Example 2

I think I would be a bit disappointed. But if I fail, there must be a reason, I think. Also it could be very useful experience for me. Therefore I would try to find my weakness for next interview.

▶조금은 실망할 것 같습니다. 하지만 실패한다면 거기에는 분명히 이유가 있을 것이라고 생각합니다. 또한 실패 역시 저에게 아주 좋은 경험이 될 수 있을 것입니다. 따라서 저는 다음 번 인터뷰를 위해 제 단점을 찾아내려 노력하겠습니다.

Question 51
If you get hired, what would you like to do?
_합격한다면 무엇을 하고 싶습니까?

합격한다면 아주 기쁠 것임은 두말할 나위가 없다. 그 동안 힘이 되어 주었던 친구나 가족에게 작은 선물을 준다거나 식사를 대접하는 등 기쁨을 함께 나누고 싶다는 내용의 대답이 무난하다.

Example ***1***

If I get hired, I must be very happy. First of all, I would call to inform the good news to my family and friends who supported and encouraged me a lot.

▶합격한다면 매우 기쁠 것입니다. 가장 먼저, 저를 지지해주고 격려해 주었던 가족과 친구들에게 좋은 소식을 알릴 것입니다.

Example 2

I must be very happy, of course. I would treat my family and friends who are my biggest supporters to share the happiness.

▶당연히 매우 기쁠 것입니다. 기쁨을 나누기 위해 저의 가장 큰 지지자들인 가족과 친구들에게 한턱 내고 싶습니다.

Question 52

If you get hired, what can you do for us?

_채용이 되면 회사를 위해 무엇을 할 것입니까?

본인이 가진 장점(경력, 성격, 외국어 실력 등)을 바탕으로 회사에 어떤 기여를 할 수 있는지 이야기하도록 한다.

Example 1

I would draw many passengers with my bright smile and service mind. Also my English and Japanese skill would be very useful when I treat foreign passengers.

▶저의 밝은 미소와 서비스 마인드로 많은 승객을 유치할 것입니다. 저의 영어와 일본어 실력 또한 외국 승객을 대할 때 굉장히 유용할 것이라 생각됩니다.

Example 2

Through various experiences in service field, I know how to treat passengers politely and to offer the best service. It goes to this company's good reputation, I believe.

▶저는 서비스 분야에서의 다양한 경험을 통해 승객을 예의 바르게 대하는 법과 최고의 서비스를 제공하는 법을 알고 있습니다. 그리고 그것은 이 회사의 좋은 평판으로 직결될 것이라 믿습니다.

Question 53
Do you think you are a lucky person?
_본인이 운 좋은 사람이라고 생각하십니까?

인생에서 중요하다고 생각되는 가치들, 예를 들어 친구, 가족, 꿈, 건강 등을 열거한 후 본인의 현 상황과 관련시켜 대답하도록 한다.

Example 1

Yes, I think I'm lucky. Being a flight attendant has been my dream for over 3 years. I tried hard and I'm sure I will be a qualified flight attendant. I have a dream and determined goal and that's why I think I'm lucky.

▶네, 저는 운이 좋다고 생각합니다. 승무원이 되는 것은 3년 이상 된 저의 꿈이었습니다. 저는 열심히 노력했으며 자격을 갖춘 승무원이 될 것이라 확신합니다. 꿈과 확실한 목표를 가지고 있기 때문에 저는 제가 운이 좋다고 생각합니다.

Example 2

Yes, I think I'm very lucky. To have good people is the most important thing, I think. I have a beloved parents and good friends who trust and love me. I love them a lot and I'm fully loved so I think I'm very lucky.

▶네, 저는 아주 운이 좋다고 생각합니다. 저는 좋은 사람들과 지내는 것이 가장 중요하다고 생각합니다. 저에게는 사랑하는 부모님과 언제나 저를 믿고 사랑해주는 좋은 친구들이 있습니다. 그들을 많이 사랑하고 저 역시 충분히 사랑받고 있기 때문에 제 자신이 아주 운이 좋은 사람이라고 생각합니다.

Question 54
Are you a hard worker?
_당신은 열심히 일하는 편입니까?

자신의 성격, 일하는 방식, 에피소드 등을 예로 들어 열심히 일하는 사람임을 강조하면 된다.

Example 1

I have strong sense of responsibility and I'm also good at time management. When I do something I make a plan and get on with the work. So I can tell you that I'm a hard worker.

▶저는 강한 책임감을 가지고 있으며 또한 시간 분배에도 능합니다. 그리고 무슨 일을 할 때 저는 계획을 세운 후 일에 매진합니다. 그렇기 때문에 저는 열심히 일하는 사람이라고 말씀드릴 수 있습니다.

Example 2

I try to work hard and efficiently. And if possible, I try to help other co-workers. That's why I got good feedback from my co-workers and boss when I worked as a part timer in a department store.

▶저는 일을 열심히 그리고 효율적으로 하고자 노력합니다. 그리고 가능하다면 다른 동료들도 도와주려 합니다. 그것이 바로 제가 백화점에서 근무할 때 동료들과 상사로부터 좋은 반응을 받은 이유입니다.

Question 55

Do you think your experiences will be useful in this field?

_당신의 경험이 이 일을 하는데 도움이 될 것이라고 생각합니까?

아르바이트, 동아리 활동, 자원봉사, 직장 경험 등 본인의 경험 특히 서비스 분야에서의 경험과 그를 통해 배운 점을 이야기한다. 그러한 경험들과 그 때 배우고 느낀 점들이 승무원으로 일하는데 어떻게 도움이 될 수 있는지 구체적으로 대답하도록 한다.

Example 1

I have worked as a salesperson in a department store. From this experience I learned how to treat customers politely and how to meet their needs quickly. I believe this would be useful for customer satisfaction.

▶저는 백화점에서 판매원으로 일했습니다. 이 경험을 통해 손님들을 공손하게 대하는 법과 그들의 요구를 신속히 들어드리는 법을 배우게 되었습니다. 이는 고객 만족을 위해 도움이 될 것이라 생각합니다.

Example 2

I have worked in a hotel more than 1 year. I could offer the best service by checking customers' facial expressions and reactions carefully. This experience will be useful when I take care of various passengers in detail.

▶저는 호텔에서 1년 이상 근무했습니다. 손님들의 표정이나 반응을 유심히 살핌으로써 최고의 서비스를 제공할 수 있었습니다. 이 경험은 다양한 승객들을 꼼꼼히 돌보는데 도움이 될 것입니다.

기내 방송문

면접 시 기내 방송문을 읽어 보도록 하는 경우가 많이 있다. 각 항공사 방송문 내용은 거의 비슷한 편이다. 입사 후 교육을 거치게 되므로 너무 부담을 느낄 필요는 없다. 전문가처럼 읽으려 하기보다는 성의 있고 밝은 톤으로, 천천히 또박또박 읽는데 주력하도록 한다.

반드시 주의할 것은 각 항공사의 명칭이다. 한국말로는 전부 '~항공' 이지만 영어 이름은 각기 다르므로 영어 명칭을 확실히 알아두도록 하자.

대한항공 l Korean Air	**아시아나 항공** l Asiana Airlines
진 에어 l Jin Air	**에어 부산** l Air Busan
제주 항공 l Jeju Air	**이스타 항공** l Eastar jet

1. Baggage Securing

Ladies and gentlemen,

This is OO air flight OO bound for OO.

For your comfort and safety, please put your carry on baggage in the overhead bin or under the seat in front of you. When you open the overhead bins, please be careful as the contents may fall out.

Thank you.

손님 여러분, 이 비행기는 OO까지 가는 OO항공입니다.

안전을 위해 가지고 계신 짐은 앞 좌석 밑이나 선반 속에 보관해 주시고, 선반을 여실 때는 먼저 넣은 물건이 떨어지지 않도록 조심해 주십시오.

감사합니다.

2. Welcome

Good morning (afternoon/evening), lades and gentlemen.

Captain OO and the entire crew would like to welcome you aboard OO air flight OO bound for OO.

Our flight time will be OO hour(s) OO minutes following take off.

Please make sure your seat belt is fastened.

And please return your seat back and tray table to their upright position.

The use of electronic devices including a mobile phone is not allowed during take off and landing.

Smoking in the cabin and lavatories is prohibited at all times during the flight.

We're pleased to have you on board today and we will do our very best to serve you.

Thank you.

손님 여러분, 안녕하십니까?

저희 OO항공에 탑승해 주셔서 감사합니다.

이 비행기는 OO까지 가는 OO항공 OO편입니다.

오늘 여러분을 모실 기장은 OO이며 OO까지 비행시간은 OO시간 OO분으로 예정하고 있습니다.

지금부터 안전을 위해 좌석 벨트를 매셨는지 확인해 주십시오.

또한, 좌석 등받이와 테이블은 제자리로 해 주시기 바랍니다.

항공법에 따라 비행기 이착륙시, 휴대 전화를 포함한 모든 전자제품을 사용하실 수 없습니다.

그리고, 화장실과 기내에서는 금연해 주십시오.

여행 중 도움이 필요하시면 언제든지 저희 승무원을 불러 주십시오.

OO까지 편안한 여행이 되시기 바랍니다.

감사합니다.

3. Seatbelt Sign Off

Ladies and gentlemen,

Although the seatbelt sign has been turned off, in case of sudden turbulence, please keep your seatbelt fastened at all times during the flight.

We would like to remind you that smoking is prohibited in the cabin and lavatories.

Your cooperation is much appreciated.

Thank you.

손님 여러분,

좌석벨트 착용 표시등이 꺼졌습니다만 예상치 못한 기류 변화로 인해 비행기가 갑자기 흔들릴 수 있습니다.

안전을 위해 좌석에 앉아 계실 때는 좌석 벨트를 매 주십시오.

그리고 화장실과 기내에서는 금연해 주시기 바랍니다.

감사합니다.

4. Turbulence

Ladies and gentlemen,

We are experiencing some turbulence.

Please fasten your seatbelt and keep it fastened until the captain turns off seatbelt sign.

Also, passengers with children, please make sure their seatbelts are securely fastened.

Thank you.

손님 여러분,

불안정한 기류 관계로 인해 비행기가 흔들리고 있습니다.

좌석 벨트를 몸에 맞게 매 주십시오.

또한, 좌석 벨트 착용 표시등이 꺼질 때까지 좌석간 이동을 삼가 주시기 바랍니다.

어린이를 동반하신 손님께서는 어린이의 좌석 벨트 착용 상태도 확인해 주십시오.

감사합니다.

5. Documentation

Ladies and gentlemen,

For entering into Korea, please have your passport and other documents are ready.

All nationalities are required to fill out the arrival card and customs form.

Passengers who have baggage arriving on another aircraft or by ship must fill out two customs forms.

For more details, please contact a flight attendant.

Thank you.

손님 여러분,

대한민국 입국에 필요한 서류를 확인해 주시기 바랍니다.

모든 분께서는 입국 신고서와 세관 신고서를 작성하셔야 합니다.

면세범위를 초과한 휴대품이나, OO산 과일, 고기, 동식물 등을 갖고 계신 분은 세관 신고서에 해당 내용을 신고하십시오.

짐을 다른 비행기나 배로 부치신 분께서는 세관 신고서 두 장을 작성하시기 바랍니다.

서류에 관해 문의하실 사항이 있으면 저희 승무원에게 말씀해 주십시오.

감사합니다.

6. 10,000 ft Sign On

Ladies and gentlemen,

We are now making our decent into OO international airport.

Please return to your seat and fasten your seatbelt.

And return your seatback and tray table to their upright position.

We would like to ask you to open the window shade nearest you.

Please make sure your bags are stowed in the overhead bins or under the seat.

All electronic devices such as personal computers, CD players and electronic games should be turned off.

Thank you.

손님 여러분,

저희 비행기는 잠시 후 OO 공항에 도착하겠습니다.

지금부터 좌석에 앉으셔서 좌석 벨트를 매 주십시오.

그리고 좌석 등받이와 테이블은 제자리로 해 주시기 바랍니다.

또한, 창문 커튼도 열어 주십시오.

꺼내두신 짐은 좌석 밑이나 선반 속에 넣어 주시고 사용하시던 휴대용 컴퓨터, CD player, 게임기 등 모든 전자 제품의 전원을 꺼 주십시오.

감사합니다.

7. Landing

Ladies and gentlemen,

We are now making our final approach.

Please make sure your seatbelt is fastened.

Also recheck that your seatback is in the upright position and your tray table is closed.

Thank you.

손님 여러분,

저희 비행기는 곧 착륙하겠습니다.

좌석 벨트를 매셨는지 다시 한번 확인해 주십시오.

좌석 등받이와 테이블도 제 위치에 있는지 확인하시기 바랍니다.

감사합니다.

8. Farewell

Ladies and gentlemen,

It is our pleasure to welcome you to Seoul Incheon International Airport.

The local time is 10:15 in the morning (in the afternoon, in the evening) on Sunday the 10th of June.

For your safety, please keep your seatbelt fastened until the captain turns off the seatbelt sign.

Also refrain from using your mobile phone until you deplane.

When opening the overhead bins, please be careful of contents that may have moved during the flight.

Before leaving the aircraft, please check that there are no items left in your seat pocket or under your seat.

Please take all carry on baggage with you when you deplane.

Thank you for using OO Air today and we hope to see you again soon.

손님 여러분,

서울 인천 국제 공항에 도착했습니다.

이곳의 현지 시각은 6월 10일 일요일 오전 10시 15분입니다.

안전을 위해 좌석벨트 착용 표시등이 꺼질 때까지 좌석에서 잠시 기다려 주시기 바랍니다.

또한, 휴대전화는 항공기에서 내리신 후 사용해 주시기 바랍니다.

내리실 때는 잊으신 물건이 없는지 좌석 주변을 확인하시고 선반을 여실 때는 안에 있는 물건이 떨어져 다칠 우려가 있으니 주의해 주시기 바랍니다.

오늘 OO항공을 이용해주신 손님 여러분께 진심으로 감사 드리며 다시 기내에서 뵙게 되기를 진심으로 기원합니다.

Final advices for successful interview

Final Advices ❶ 각 항공사의 홈페이지를 적극 이용하여 항공사에 관한 모든 사항을 숙지하고 있어야 한다. 항공사의 CEO, 최근 뉴스, 설립연도, 항공기 보유 대수, 취항 노선, 광고 등을 중점적으로 체크해야 하며 당사 홈페이지 관련 질문도 간혹 나오므로 면접을 앞두고 집중적으로 체크하도록 한다.

Final Advices ❷ 이력서나 자기 소개서를 최종 제출하기 전 꼼꼼하게 체크한다. 타 항공사에 제출했던 내용을 그대로 제출하는 경우가 종종 있는데 간혹 항공사 이름을 바꾸지 않은 상태로 제출하는 어이없는 실수를 저지르는 지원자가 있다. 뿐만 아니라 졸업 년도, 토익 점수 등을 실수로 잘못 기재하는 일도 간혹 있다. 특히 온라인 지원의 경우 최종 제출 버튼을 누른 후에는 정정이 불가한 경우가 대부분이므로 각별한 주의를 기울이도록 하자.

Final Advices ❸ 본인의 이력서나 자기 소개서는 완벽하게 숙지하고 있어야 한다. 본인이 제출한 내용을 바탕으로 면접이 이루어지기 때문이다. 서류 전형을 통과했다고 해서 끝난 것이 아니다. 면접 전 몇 번에 걸쳐 읽어 보도록 한다.

Final Advices ❹ 4. 면접 장소에는 1시간쯤 전에 여유 있게 도착하도록 한다. 면접 당일 결석생이나 지각생들이 의외로 많이 있다는 것을 명심하자. 시간이 된다면 면접 전날 한 번 가보는 것도 좋다.

Final Advices ❺ 대기실에서는 핸드폰을 끄고 노트를 읽어보며 조용히 차례를 기다린다. 지나친 잡담은 금물이다.

Final Advices ❻ 차례가 되면 두 번 정도 노크를 한 후 들어가 조용히 문을 닫는다. 들어가면서 인사하지 말고 면접관 앞에서 자세를 갖춘 후 45도 각도로 천천히 인사한다. 단, 영어 개별 면접일 경우 30도 정도의 각도로 밝게 인사하도록 한다.

Final Advices 7 면접관에 대한 호칭은 반드시 Sir, Ma'am을 사용한다.

Final Advices 8 앉아서 이루어지는 면접일 경우 우선 의자 옆에 서서 기다리다가 면접관이 앉도록 권유할 때는 '감사합니다'(Thank you, sir/ma'am)라는 인사를 하고 조용히 착석한다.

Final Advices 9 가슴을 펴고 허리는 곧게 세운다. 고개를 지나치게 세우면 시선이 아래를 향하게 되어 자칫 거만한 인상을 줄 우려가 있다.

Final Advices 10 유창한 영어를 구사하는 것도 좋지만 정확한 발음과 알맞은 속도로 이야기하는 것이 더 중요하다. 평소에 천천히 또박또박 이야기하는 연습을 하도록 한다.

Final Advices 11 면접 중 실수를 할 수는 있으나 실수한 후 머리를 긁적인다든지 혀를 내민다든지 고개를 젓는 등의 동작은 하지 않도록 한다. 자기도 모르게 나오는 습관이기 때문에 평상시에 꾸준한 연습을 통해 고치도록 노력한다.

Final Advices ⓬ 다수의 면접관이 있는 경우 질문을 던진 면접관만 바라보며 대답하지 말고 천천히 전체적으로 바라보며 대답하도록 한다.

Final Advices ⓭ 다른 사람이 대답할 때 경청하며 고개를 끄덕인다든지 웃어주는 등의 반응을 보이도록 한다. 특히 요즘에는 옆 사람이 한 대답에 대한 의견을 묻는다든지, 옆 사람이 한 이야기를 영어로 이야기해 보라는 등의 까다로운 질문이 많이 나오기 때문에 다른 지원자의 대답도 경청해야 한다.

Final Advices ⓮ 자기 소개를 포함하여 모든 대답은 1분이 넘지 않도록 주의한다. 특히 1차 면접의 경우 각 조에게 할당된 시간이 많지 않기 때문에 혼자서만 너무 길게 이야기하는 것도 좋지 않다.

Final Advices ⓯ 본인이 예상했던 질문이라고 해서 질문이 떨어지자 마자 바쁘게 대답하지는 않도록 한다. 잠시 호흡을 가다듬은 후 대답하도록 하며 특히 영어 인터뷰의 경우 외운 것을 그대로 이야기하는 듯한 인상을 주지 않도록 주의한다.

Final Advices 16 유머러스한 이야기로 딱딱한 면접 분위기를 밝게 바꾸는 것은 좋지만 지나치게 되면 자칫 가벼운 사람으로 보일 우려가 있으므로 주의하도록 한다.

Final Advices 17 면접 중 긴장하지 않는 지원자는 거의 없을 것이다. 하지만 목소리를 밝고 크게 내는 것만으로도 분위기를 압도할 수 있다는 것을 명심하자. 이를 위해서는 꾸준한 모의 면접이 필요하다.

Final Advices 18 면접관의 책상에 있는 서류를 보지 않는다.

Final Advices 19 타 항공사에 관한 질문을 받는 경우가 종종 있다. 본인이 지원한 항공사와 경쟁 관계에 있는 항공사라 하더라도 부정적인 이야기를 하는 것은 금물이다.

Final Advices 20 인터넷이나 뉴스 등을 통해 최근 이슈가 되고 있는 시사 문제가 무엇인지 알고 있어야 하며 생각을 정리해서 대답할 수 있어야 한다.

부록 1 | Useful expressions

부록 2 | 외국 항공사 기출 문제

Useful expressions

감사의 뜻을 나타낼 때

· Thank you.

· Thank you very much.

· It's so nice of you.

'Thank you'에 대한 응답

· You're welcome.

· Not at all.

· No problem.

· It's my pleasure.

면접관의 말을 다시 듣고 싶을 때

- Would you please say again?
- May I beg your pardon?
- Would you mind speaking one more time?

면접관의 말을 이해할 수 없을 때

- I'm sorry but I could not catch what you said.
- I'm afraid I didn't understand your question. Would you please say that again?
- I'm very sorry but would you mind saying it again please?

면접관이 나의 대답을 잘못 이해할 때

- I must explain it in more detail.
- Let me show you in more concrete.

동의할 때

- I agree with you.
- That's right.
- I think so.
- I understand that.
- That's what I want to tell you.

생각할 시간을 요청할 때

· I'm sorry but could you give me time to think?

· Let me ask you to wait for a moment?

면접을 마치면서

·Thank you so much.

· I have enjoyed talking with you.

·Thank you for your time.

·Thank you for giving me a chance for this interview.

의견을 제시할 때(Group discussion)

· Do you mind if I start first?

· In my point of view~

· In my opinion~

· I'd like to say that~

이견을 제시할 때(Group discussion)

· I agree with you but I have an another idea that~

· I know what you mean but~

· Well, I have a different idea.

·I think your idea is good. But I'm afraid my opinion is a bit different.

다른 사람이 의견을 제시할 때(Group discussion)

·I see what you mean.

·That is exactly what I mean.

제안할 때(Group discussion)

·How about~?

·Let's~

·Why don't we start talking about~?

외국 항공사 기출 문제

1. 에미레이트 항공

- ·승무원에게 필요한 자질은 무엇이라고 생각합니까?
- ·외국에 처음 갔을 때 문화 충격을 어떻게 극복했습니까?
- ·외국 생활에 어떻게 적응했습니까?
- ·지금 하고 있는 일이 무엇입니까?
- ·다른 일을 한 경험이 있습니까?
- ·외국인에게 한국을 어떻게 소개하시겠습니까?
- ·왜 우리 항공사에 입사하기를 희망하십니까?
- ·왜 승무원이 되고자 하십니까?
- ·아랍 문화에 대해 이야기해 보세요.
- ·건강 관리는 어떻게 하십니까?
- ·가장 당황했던 순간은 언제였습니까?

- 팀워크가 무엇이라고 생각하십니까?
- 왜 당신을 채용해야 합니까?
- 승무원으로 일하는데 어떤 점이 힘들 것이라 생각합니까?
- 이 직업의 장점은 무엇이라고 생각하십니까?
- 별명이 무엇입니까?
- 스트레스 관리는 어떻게 하십니까?
- 손님을 화나게 만들었던 적이 있습니까?
- 본인이 받았던 최고의 서비스는 무엇이었습니까?
- 복권에 당첨된다면 무엇을 하시겠습니까?
- 나쁜 습관이 있습니까?
- 옆에 있는 지원자를 소개해 주세요.
- 항공기가 hi-jacking을 당하면 어떻게 하시겠습니까?
- 일하면서 누군가에게 의존했던 적이 있습니까?
- 가장 자랑스럽게 느꼈던 순간은 언제였습니까?
- 외국인 친구에게 받고 싶은 선물은 무엇입니까?
- 생일에 받고 싶은 선물이 있습니까?
- 파티에 5명을 초대한다면 누구를 초대하시겠습니까?
- 친구와 심하게 싸웠을 때 어떻게 하시겠습니까?
- 장애인과 함께 여행한다면 어느 나라를 가시겠습니까?
- 친구가 기억 상실증에 걸린다면 어떻게 하시겠습니까?
- 한국과 서양의 교육을 비교해 보세요.

2. 카타르 항공

- 본인의 강점에 대해 말해보세요.
- 본인의 자질에 대해 말해보세요.
- 본인의 성격에 대해 말해보세요.
- 카타르에 대해 알고 있는 것은?
- 승무원이 되고자 하는 이유 3가지를 말해보세요.
- 친구가 많습니까? 친구 관계는 어떻게 유지합니까?
- 이상적인 승무원이란?
- 한국 사람들에 대해 어떻게 생각합니까?
- 승무원이 되기 위해 가장 중요한 자질은?
- 왜 승무원이 되고자 합니까?
- 면접 준비는 어떻게 하셨나요?
- 팀워크란 무엇입니까?
- 본인의 단점은 무엇입니까?
- 본인이 승무원에 적합하다고 생각합니까?
- 승무원에 적합한 본인의 장점이나 능력은 무엇입니까?
- 승무원 면접을 본 적이 있습니까?
- 탈락했다면 왜 탈락했다고 생각하며 그 후 어떻게 했는지?
- 서비스 관련 분야 경험이 있습니까?
- 전공을 선택한 이유는?
- 다른 사람과 의견이 다를 때 어떻게 하십니까?
- 승무원을 본 느낌은?
- 다른 항공사에 지원한 적이 있습니까?

- 가훈이 무엇입니까?
- 아랍인에 대해 어떻게 생각합니까?
- 승객들이 원하는 것은 무엇일까요?
- 승무원으로 일하는데 어려운 점은 무엇일까요?
- 카타르 항공 승무원이 되기 위해 어떤 자질이 필요하다고 생각하십니까?
- 왜 당신을 채용해야 합니까?
- 잠들기 전 보통 무엇을 하십니까?
- 면접 결과가 좋지 않다고 제가 말한다면 뭐라고 말씀하시겠습니까?
- 승무원으로 일하는데 유용한 경험이 있습니까?
- 이코노미 손님이 퍼스트 클래스 식사를 요구한다면 어떻게 하시겠습니까?
- 비행 중 몸이 좋지 않다면 어떻게 하시겠습니까?
- 일을 즐기기 위해 어떤 것들이 필요하다고 생각하십니까?
- 승무원은 언제나 승객에게 좋은 인상을 주어야 한다고들 생각합니다. 본인도 역시 그렇게 생각하십니까?
- 친구의 기분이 좋지 않다면 어떻게 하시겠습니까?
- 직업을 갖는데 있어 가장 중요한 것은 무엇일까요?
- 식사 서비스가 시작되기 전 식사를 원하는 손님이 계신다면 어떻게 하시겠습니까?
- 언제 우울해지며 어떻게 해소하십니까?
- 누군가에게 실망한 적이 있습니까?
- 여가 시간에 주로 무엇을 하십니까?

3. 동방 항공

- 이코노미 클래스 승객이 퍼스트 클래스로의 upgrade를 원한다면 어떻게 하시겠습니까?
- 출신 대학과 전공을 소개해 주세요.
- 가훈을 소개해 주세요.
- 월급을 받으면 무엇을 하시겠습니까?
- 동료와 분쟁이 생기면 어떻게 해결하시겠습니까?
- 외국인에게 추천하고 싶은 장소는?
- 쇼핑을 갈 때 혼자 가는 것을 좋아합니까, 누군가와 함께 가는 것을 좋아합니까?
- 국내 도시 중 여행해보고 싶은 곳은?
- 얼마나 오래 근무할 예정입니까?
- 전공을 선택한 이유는?
- 자격증이나 면허증을 가지고 있습니까?
- 어떤 사람과 결혼하고 싶습니까?
- 가장 친한 친구를 소개해 주세요.
- 스트레스 해소법은?
- 영어 공부는 어떻게 하셨나요?
- 외국에 나가본 적이 있습니까?
- 좋아하는 영화 장르는?
- 본인의 장단점은?
- 서비스 분야에서의 경험을 이야기해 주세요.
- 가장 좋아하는 가수는?

· 가장 좋아하는 음식은?

· 승무원 학원에 다닌 적이 있습니까?

· 우리 항공사 면접을 본 적이 있습니까?

· 승무원이 되기 위해 무슨 노력을 했습니까?

· 취미는 무엇입니까?

· 일을 끝마치면 주로 무엇을 하나요?

· 최근 걱정거리는?

· 타 항공사와 우리 항공사에 합격한다면 어느 회사를 택하겠습니까?

· 손님이 화를 내면 어떻게 하시겠습니까?

· 영어나 중국어로 자기 소개해 보세요.

· 상사가 부당한 일을 시키면 어떻게 하시겠습니까?

· 어제 저녁에 무엇을 하셨나요?

· 대학 졸업 후 무엇을 하셨나요?

· 가족 소개

· 아침은 무엇을 먹었나요?

· 아는 사람 중에 승무원이 있습니까?

4. 싱가폴 항공

· 이상적인 동료란?

· 지원 동기

· '추석'을 설명해 주세요.

· 고향 소개

· 가장 좋아하는 영화 배우는?

· 최근에 본 영화 소개해 주세요.

· 어디를 여행해보고 싶습니까?

· 가장 좋아하는 TV프로그램은?

· 요리를 잘하십니까? 비빔밥 만드는 법 설명해주세요.

· 승무원이 되기 위해 가장 중요한 자질은?

· 본인이 이 직업에 적합하다고 생각하십니까?

· 본인을 한 단어로 표현한다면?

· 싱가포르에 대해 알고 있는 것을 말해보세요.

· 싱가포르 항공에 대해 아는 것을 말해보세요.

· 여가 시간에 주로 무엇을 하십니까?

· 외국인들에게 추천할 만한 한국의 여행지는?

· 외국인에게 추천하고 싶은 한국 음식은?

· 싱가포르에서 가볼 만한 여행지는?

· 싱가포르에 가져가고 싶은 것은?

· 오늘 기분이 어떻습니까?

· 면접 오기 전 무엇을 하셨나요?

· 지난 주말에 무엇을 하셨나요?

· 외국에서 영어 공부를 한 적이 있습니까?

5. 케세이퍼시픽 항공

· 대학 생활 중 가장 어려웠던 숙제는?

· 아르바이트를 할 때 가장 힘들었던 손님은?
· 장기 계획(Long term plan)은?
· 이전 직장을 사직하고 승무원이 되고자 하는 이유는?
· 얼마나 오래 근무할 예정입니까?
· 외롭다고 생각될 때 어떻게 하십니까?
· 학교 생활에 대해 이야기해 주세요.
· 전공과 무관한데 승무원이 되고자 하는 이유는?
· 홍콩에 대해 알고 있는 것은?
· 팀워크란 무엇입니까?
· 마지막으로 하고 싶은 말은?

6. 핀에어

· 당신은 도전적인 사람입니까?
· 본인이 인내심이 강한 사람이라고 생각하시나요? 예를 들어 말해 주세요.
· 취미는 무엇입니까?
· 좋아하는 레저 스포츠는?
· 우리 회사에 어떻게 기여하시겠습니까?
· 승무원으로 일하는데 가장 힘든 점은 무엇이라고 생각하십니까?
· 장, 단점을 말해주세요.
· 가장 좌절했던 순간은?
· 혈액형이 성격에 영향을 미친다고 생각하십니까?

·승무원에게 가장 필요한 자질은?
·팀원이 다른 사람들과 어울리지 않는다면 어떻게 도와 주시겠습니까?
·팀으로 일할 때 가장 중요한 점은?
·핀에어에 대해 알고 있는 점은?
·핀란드에 대해 알고 있는 점은?
·안전과 서비스 중 어느 것이 더 중요한가요?
·한국에서 추천할 만한 여행지는?
·남자친구가 사직하라고 한다면 어떻게 하시겠습니까?
·인생에서 가장 중요하다고 생각하는 것은 무엇입니까?
·스트레스 해소법
·승무원이 되고자 결심하는데 영향을 미친 것은 무엇입니까?
·승무원에게 가장 필요한 자질은?
·어린 시절에 대해 말해주세요.
·까다로웠던 손님을 응대한 경험에 대해 말해주세요.

7. 말레이시아 항공

·지원 동기
·포부
·월급은 어느 정도를 원하시나요?
·가족 소개
·학교 생활에 대해 말해주세요.

- 질문 있습니까?
- 이전에 어떤 일을 하셨나요?

8. KLM네덜란드 항공

- 지원 동기
- 여행한 나라 중 가장 좋았던 곳은?
- 까다로운 손님을 만난 적이 있습니까?
- 서비스 분야에서 일했던 경험과 어려웠던 점
- 한국인 인터프리터가 왜 필요하다고 생각하나요?
- 일할 때 손님을 기쁘게 한 적이 있습니까?
- 일할 때 손님을 화나게 한 적이 있습니까?
- 승무원의 장단점
- 본인의 장단점
- 4년 계약 만료 후 계획
- 언제 스트레스를 받으며 해소 방법은 무엇입니까?
- 사람을 처음 만날 때 어떻게 다가갑니까?

9. 타이 항공

- 상사와 동료 간에 의견 충돌이 있을 때 중간에서 어떻게 하시겠습니까?

·타이 항공에 대해 알고 있는 점은?

·왜 우리 항공사에 지원하셨나요?

·우리 회사에 입사하면 어떻게 기여하시겠습니까?

10. 베트남 항공

·우리 항공사의 강점은 무엇이라고 생각하나요?

·전공은 무엇입니까?

·전공을 선택한 이유는?

·베트남 항공에 대해 들어보신 적 있습니까?

·우리 항공사에 대해 알고 있는 것은 무엇입니까?

11. 루프트한자

·승무원의 역할은 무엇입니까?

·오늘 본 신문 기사 중 가장 기억에 남는 것은?

·생활 신조

·본인의 장단점

·지원 동기

·루프트한자의 특징은 무엇이라고 생각하십니까?